60分でわかる!

改正
景品
表示法
超入門

[監修] 池田・染谷法律事務所
[編著] 染谷隆明

JN219392

技術評論社

はじめに

　本書を手にとった方は景品表示法に関心がある、という方でしょう。景品表示法は、企業のリスクマネジメントの観点から、年々重要性を増しています。

　景品表示法に違反した企業には、消費者庁をはじめとする景品表示法執行当局から行政処分が行われることとなりますが、景品表示法に違反したことによる事実上の悪影響はそれにとどまりません。まず、景品表示法に違反したことが大々的に報道され、違反した企業の信用が失墜する場合があります。また、違反の対象となった商品・サービスを購入した消費者などからの返金請求がなされることはもとより、取引先からの取引停止・返品・損害賠償請求がなされたり、金融機関から融資の引き上げがなされたりする事例もあります。自社の主力商品・サービスの表示が景品表示法に違反するものであったということであれば、株価が下落したり、ベンチャー企業であれば、株式の上場（IPO）の審査に影響を与え、上場ができなくなったりすることなどがある他、経営陣が株主から訴えられる事例などもあるところです。

　そればかりか、近年、消費者庁による景品表示法の執行体制は強化されています。特に現代社会においてはスマートフォン・SNSが普及したことにより、消費者の声が世間に届きやすくなった上、行政機関や報道機関への通報を行いやすくする法改正も相まって、企業の違法・不当な行為が社会に露見しやすい状況でもあります。この意味において、景品表示法の違反リスクはインパクトが大きい上、そのリスクが顕在する可能性も見過ごせないものとなっています。

このため、企業のリスクマネジメントとして、景品表示法のガバナンスを構築することが求められています。特に景品表示法のガバナンスを有効に築くためには、経営層のコミットはもちろんのこと、日頃広告を企画し、作成する営業現場の方における景品表示法の知識の習得が必要となります。

　本書は、そのような経営層・現場の方が景品表示法の基礎を理解いただく入門となることを目的としています。本書の執筆陣は、消費者庁において景品表示法の法改正や法執行を担当した弁護士を含む、広告規制の最先端の実務を扱う池田・染谷法律事務所に所属する弁護士です。景品表示法の基礎や実務を平易な言葉や図を用いるとともに、細かい法解釈の解説を省き、景品表示法の理解の幹が身につくことを意識して執筆いたしました。平坦な法律の解説にならぬよう、実際の広告やキャンペーンを念頭にしたトピックを記載しています。

　本書は景品表示法の基本的枠組みをトピックごとに説明するものです。はじめから通読しても、関心があるトピックから読んでもわかるようになっています。本書によって景品表示法をより学びたいと思われた方には、私が行っている景品表示法の学び方をP.146に記載しましたので一つの参考としてご参照ください。

　本書が景品表示法の入門としての目的を果たし、少しでも読者の皆様のお役に立つことを願います。

編著者を代表して　染谷　隆明

Contents

Part

1

景品表示法を知る

景品表示法の存在理由

～商品・サービスを適切に選択できる環境を整備する～

● 景品表示法の目的

　私たちが日常生活を送る上で、商品・サービスの広告・表示を見ない日はありません。私たちが商品・サービスを選択する場合、広告から得られる情報を参考にしています。例えば、スマートフォンの通信サービスであれば、各社が提供するサービスの月額料金や高速通信ができるギガ数の上限など取引条件に関する情報を手がかりに、他社のサービスと比較しながら契約するか決めています。しかし、商品・サービスに関する情報が虚偽・誇大なものであった場合、その商品・サービスの実際を知っていれば購入しないでしょう。

　同様に、商品・サービスと一緒に高額なおまけ（景品類）がついてくる場合、おまけによって冷静な判断をすることができず、低品質や高価であるなど本来購入の必要がないようなものであっても、購入してしまうこともあり得ます。

　このように不当な表示や景品類の提供はいずれも消費者が商品・サービスを選択する判断を誤らせるおそれがある行為です。そこで**景品表示法は、商品・サービスの不当表示を禁止し、不当な景品類を制限・禁止することによって、一般消費者が商品・サービスを適切に選択できる環境を実現**しようとしています。景品表示法では適切に選択できることを**一般消費者による自主的かつ合理的な選択**と表現し、この選択を守ることを景品表示法の目的としています。景品表示法では、不当な表示や景品類の提供を行った企業に対する行政処分（P.120）の規定を定め、場合によっては刑事罰（P.130）の対象にもしています。

● 一般消費者の自主的かつ合理的な選択を阻害する行為

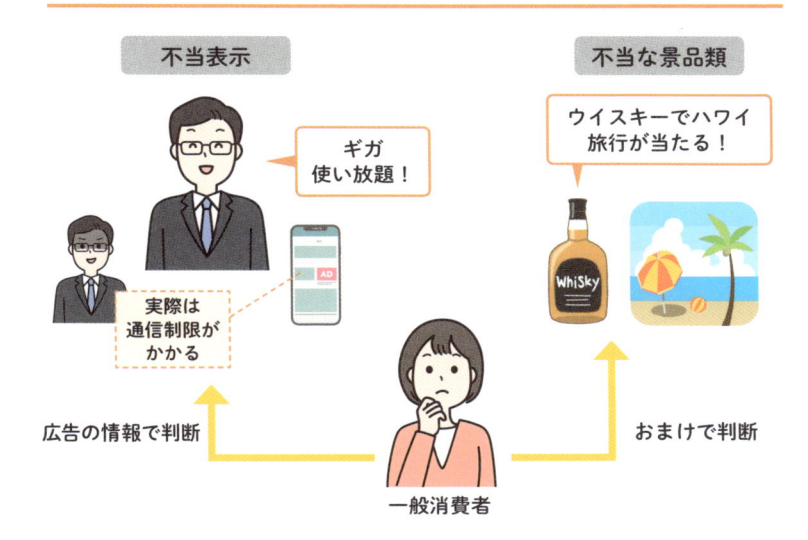

不当表示

ギガ
使い放題！

実際は
通信制限が
かかる

広告の情報で判断

不当な景品類

ウイスキーでハワイ
旅行が当たる！

おまけで判断

一般消費者

● 景品表示法の概要

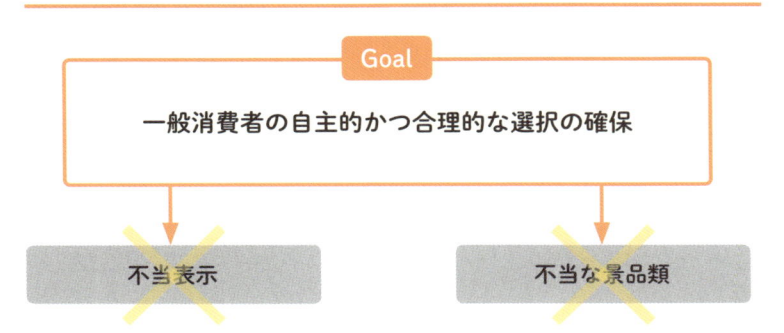

Goal

一般消費者の自主的かつ合理的な選択の確保

不当表示

不当な景品類

まとめ	☐ 景品表示法は一般消費者が自主的かつ合理的な選択ができる環境を作るために不当な表示・景品類を規制

景品表示法の全体像

◉ 景品表示法は行為規制と違反した場合の措置が定められている

　禁止される不当表示は、①**優良誤認表示**（P.26）、②**有利誤認表示**（P.28）、③**指定告示に係る表示**（P.30）の3類型です。顧客を誘引するための手段として自己の供給する商品・サービスの取引に付随して相手方に提供する経済上の利益（**景品類**）は、その**提供方法に応じて提供の可否や提供できる金額の上限**が定められています（P.86）。

　上記に違反した場合の措置は、違反した行為ごとに異なります。不当表示や不当な景品類を提供した企業に対しては、消費者庁長官や都道府県知事から**措置命令**や**行政指導**が行われます。不当表示のうち、①や②の表示をした企業であって、一定の要件を満たす場合には、消費者庁長官は一定の金額を国に納付することを命ずる**課徴金納付命令**をしなくてはなりません。①や②の表示を故意に行った担当者と企業は、**罰則**の対象にもなります。①や②の表示を行った企業は、その表示をやめるよう**適格消費者団体**（P.126）から**差止請求**などを受ける場合があります。不当表示を行った企業には、不当表示によって商品・サービスを購入した消費者や特定適格消費者団体（P.126）から**返金請求**が行われることもあり得ます。

　そして、景品表示法は違反を防止するために、一般消費者向けに表示等を行う企業には表示等の**管理上の措置**を講ずることを求めています。管理上の措置に違反した場合、消費者庁長官から助言や指導・勧告が行われます（P.134）。商品・サービスの内容によっては**公正競争規約**が存在し、その業界における表示や景品類を提供する際の標準となり、違反行為を防止する機能があります（P.136）。

◆ 景品表示法の大まかな仕組み

行為規制

□ 不当表示の禁止
□ 不当景品類の制限・禁止
□ 管理上の措置
□ 公正競争規約

違反への措置

□ 行政措置
□ 刑事措置
□ 民事措置

◆ 景品表示法の規制マッピング

<table>
<tr><th colspan="2" rowspan="2"></th><th colspan="5">違反した場合の効果</th></tr>
<tr><th colspan="2">行政措置</th><th>刑事措置</th><th colspan="2">民事措置</th></tr>
<tr><th colspan="2"></th><th>措置命令・指導</th><th>課徴金納付命令</th><th>罰則</th><th>差止請求</th><th>返金請求</th></tr>
<tr><td rowspan="5">違反行為</td><td colspan="2">不当表示</td><td></td><td></td><td></td><td></td><td></td></tr>
<tr><td>①優良誤認表示</td><td>○</td><td>○</td><td>○</td><td>○</td><td>○</td></tr>
<tr><td>②有利誤認表示</td><td>○</td><td>○</td><td>○</td><td>○</td><td>○</td></tr>
<tr><td>③指定告示表示</td><td>○</td><td>ー</td><td>ー</td><td>ー</td><td>○</td></tr>
<tr><td colspan="2">不当な景品類</td><td>○</td><td>ー</td><td>ー</td><td>ー</td><td>△（※）</td></tr>
<tr><td rowspan="2">違反行為予防</td><td colspan="2">管理上の措置</td><td>助言指導・勧告</td><td></td><td></td><td>ー</td><td>ー</td></tr>
<tr><td colspan="2">公正競争規約</td><td>ー</td><td colspan="4">規約に基づく措置</td></tr>
</table>

※理論上は想定できるが、現実的な可能性は高くない

まとめ

□ 違反行為として不当表示と不当な景品類があり、違反行為を防止するものとして管理上の措置や公正競争規約がある
□ 違反行為に応じて行政・刑事・民事上の措置となる

景品表示法のリスク

● 企業にとっての景品表示法のリスク

　企業が景品表示法に違反した場合、消費者庁をはじめとする**景品表示法執行当局から行政処分**が行われます。行政処分は公表を伴うので、報道によりその**企業に対する信用が失墜**する場合があります。

　また、違反の対象となった商品・サービスを**購入した消費者**や**特定適格消費者団体**からの**返金請求**（P.124-127）、取引先からの対象商品の**返品・取引停止・損害賠償請求、金融機関から融資の引き上げ**がされる事例もあります。自社の主力商品・サービスが景品表示法に違反した結果、**株価が下落**したり、**株式の上場（IPO）ができなくなったり**した事例もあります。違反した企業の株主が、違反によって企業が損害を被ったとして経営陣を訴える事例もあります。

　現代社会においては、スマートフォンが普及し、SNSの利用が浸透したことにより**消費者の声**が世間に届きやすくなった上、**行政機関や報道機関への通報を行いやすくする公益通報者保護法の改正**も相まって、企業の違法・不当な行為が社会に発見されやすく、景品表示法執行当局が**調査のきっかけとなる情報を把握しやすい状況**です。さらに、右図のとおり、景品表示法違反が疑われる調査件数に占める措置命令の割合は年々増え、2023年度には**22%を超えています**。すなわち、一度不当表示を行ってしまった場合には、消費者庁などが調査を開始し、結果として行政処分まで行うということが現実的なリスクとしてあるわけです。このように、**景品表示法の違反リスクはインパクトが大きい**ものであるばかりか、その**リスクが顕在する可能性**も見過ごせません。

● 景品表示法のリスクイメージ

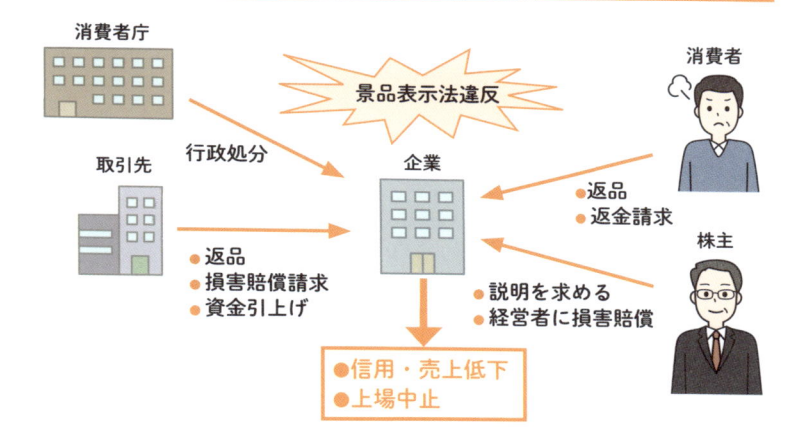

● 景品表示法の調査件数に占める措置命令の割合

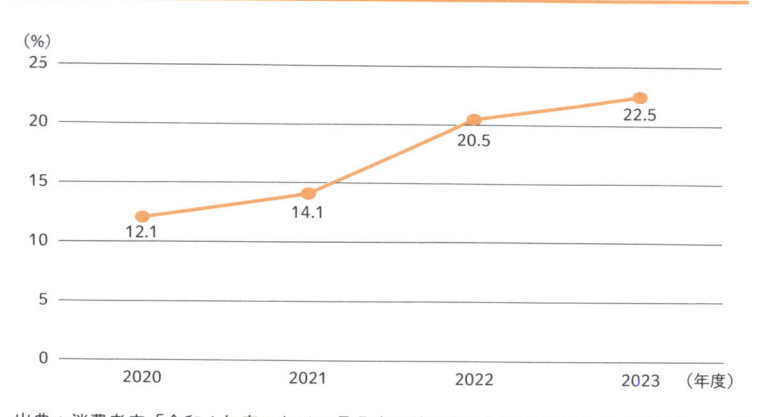

出典：消費者庁「令和4年度における景品表示法の運用状況及び表示等の適正化への取組」「令和5年度における景品表示法等の運用状況及び表示等の適正化への取組」をもとに作成

まとめ	☐ 景品表示法の違反リスクはインパクトが大きく、顕在する可能性も見過ごせない

消費者志向経営と
景品表示法ガバナンス

● 景品表示法のガバナンスが企業の中長期的な成長には必要

　BtoC（Business to Consumer）ビジネスを営む企業にとって、消費者に（継続的に）自社の商品・サービスを購入してもらうことが**企業の中長期的な成長**につながります。そのためには、**消費者と企業との間に信頼関係**があることが前提条件となります（少なくとも信頼を損なうような関係にないことが必要です）。

　景品表示法に違反する行為、例えば不当表示の場合、商品・サービスの実際と異なる誇大な広告を一般消費者に対して行うことは、**消費者との信頼関係を破壊**する典型的な行為の一つです。P.14のとおり、景品表示法に違反した場合の企業へのリスクにはさまざまなものがあります。企業としては、違反行為によって消費者の信頼を損なう、今後の事業が継続できない、成長が見込めない、または信頼回復に時間がかかり事業成長が鈍化する事態は避けなければなりません。

　したがって、企業には消費者との信頼関係を構築する前提条件として、**景品表示法を遵守するためのガバナンス**が求められます。消費者の権利の確保や利益の向上を図ることを経営の中心に置くことは**消費者志向経営**と呼ばれています。企業経営の透明性が求められる中、消費者志向経営の考え方はますます重視され、それを実践した企業が今後の競争に勝ち残るでしょう。景品表示法ガバナンスの実践は、消費者志向経営の重要な指針の一つです。景品表示法を遵守することは「コスト」として捉えるのではなく、**企業が成長するための欠かせない「投資」**として把握すべきものなのです。

● 企業の成長には消費者との信頼関係が必要

中長期的な成長のためには
消費者との信頼関係が必要

消費者

企業

この会社の商品
は買わないぞ！

消費者

購入

やせます！

SUPPLEMENT

DietXX
3,900円

チラシ

実際には
効果なし

消費者

企業

| まとめ | ☐ 企業の中長期的な成長には消費者との信頼関係を築くことが必要 |
| | ☐ 景品表示法を遵守することは消費者志向経営の実践であり、企業が成長するための欠かせない「投資」である |

社会の変化に対応してきた景品表示法

> ● **景品表示法は社会状況に合わせ制定・運用・改正をしてきた**

　景品表示法の制定前は、**独占禁止法**が不当な経済上の利益の提供や不当な表示を不公正な取引方法として規制していました。しかし、**「チューインガムで1000万円が当たる」**といった一般消費者の射倖心を過度に刺激するような懸賞付販売が拡大していきました。そして、牛肉の大和煮と表示された缶詰の大部分に馬肉や鯨肉が混入された**ニセ牛缶事件**が発生し、社会問題となりました。世論で一般的な不当表示や懸賞付販売の規制を望む声が有力となり、1962年に独占禁止法の特例法として**景品表示法が制定**されました。当時の所管は公正取引委員会でした。その後も拡大する経済社会に伴い、重点的に問題となっている類型の不当表示を取り締まったり、新たに不当表示を指定する告示を定めたり、都道府県知事にも景品表示法の調査権限を付与するなどの改正を行うなどして社会の変化に対応してきました。

　2009年に**消費者庁**が発足し、景品表示法は消費者庁に移管され、消費者庁が正面から消費者政策の一翼を担うことになりました。その後、ソーシャルゲームにおけるビジネスモデルである「コンプガチャ」が景品規制における「絵合わせ」(P.98)に当たるとする考え方の公表、コロナ禍におけるコロナウィルス対策を標榜する商品・サービスに対し積極的に法執行、2023年にはステルスマーケティングを不当表示とする告示の指定も行われました（P.74）。**今後も景品表示法は、社会情勢の変化に応じて、一般消費者の自主的かつ合理的な選択を守るために柔軟に運用や改正などがなされる**でしょう。

▶ 景品表示法の主要な年表

1960年	過剰な懸賞付販売が拡大。「ニセ牛缶事件」発生
1962年	**景品表示法成立** 「懸賞による景品類の提供に関する事項の制限（P.86）」を指定
1972年	**景品表示法改正** 都道府県知事に景品表示法の権限付与
1973年	「無果汁の清涼飲料水等についての表示」「商品の原産国に関する不当な表示」を指定
1977年	「一般消費者に対する景品類の提供に関する事項の制限（P.86）」を指定
1980年	「消費者信用の融資費用に関する不当な表示」「不動産のおとり広告に関する表示」を指定
1982年	「おとり広告に関する表示（P.72）」を指定（1993年に全面改訂）
2003年	**景品表示法改正** 不実証広告規制（P.50,52参照）が導入
2004年	「有料老人ホームに関する不当な表示」を指定
2009年	消費者庁発足 景品表示法が消費者庁に移管
2014年	**景品表示法改正** 管理上の措置（P.134）や課徴金制度（P.120）が導入
2023年	**景品表示法改正** 確約手続（P.122）や直罰（P.130）規定が導入され、課徴金制度の見直し等がされる 「一般消費者が事業者の表示であることを判別することが困難である表示（P.74）」を指定

まとめ	☐ **景品表示法は社会状況に合わせ制定・運用・改正されている**

外国事業者と景品表示法

　昨今、海外に拠点を有しつつ、インターネットを通じて日本国内にサービスを提供する外国事業者が増えています。外国事業者が日本国内に拠点を持たない場合であっても、景品表示法の適用対象となる場合があるので、注意が必要です。

　景品表示法は、日本国内の一般消費者（日本国民に限らない）を保護するものであり、それらに対する表示や景品類の提供であれば景品表示法の適用を受けます。これらの行為を行う事業者の国籍、本店・支店の所在やサーバーの所在がどこにあるかは関係ありません。外国事業者が措置命令・課徴金納付命令に従わない場合、行政処分を実効的に行うことができるかという議論はありますが、外国事業者であっても、日本国内の売上額に対して課徴金はかかるため、景品表示法を軽視する理由にはなりません。

　過去に、日本国内に拠点を有さない外国事業者に対して、措置命令・課徴金納付命令を行った事例があります。具体的には、中国に本店があり、日本には拠点を持たないオンラインゲーム会社がオンラインで日本の一般消費者向けにサービスを提供していました。そのような中、当該会社がオンラインゲーム上のレアキャラクターの出現確率が3％と表示していたものの、実際には0.333％であったため、消費者庁長官が有利誤認表示にあたるとして、当該会社に対し、措置命令・課徴金納付命令を行いました。

　日本の事業者としては、海外の事業者が景品表示法を遵守していない場合には、消費者庁等に対し景品表示法に基づく措置を求めることも一つの対抗手段となり得ます。

Part

2

不当表示の禁止

景品表示法は不当表示規制の基本法

● 広告規制を読み解く視点

広告規制にはさまざまな種類がありますが、以下の3つの視点で整理すると理解しやすいです。

第1に、①**商品・サービスの内容**や**営業方法**に着目した視点です。例えば、食品には食品表示法が適用され、通信販売の営業手法をとるのであれば特定商取引法の規制が適用されます。食品はアレルギー反応による消費者の安全等を確保する必要があり、隔地者間の取引である通信販売では取引条件が不明瞭となりトラブルが起きやすいため、規制が存在するわけです。

第2に、②**表示規制の内容**という視点です。大まかに表示義務規制と表示禁止規制に分けられます。表示義務規制は、情報提供の観点から、必要な事項を事前に消費者に表示しなければならないというもので、典型例は、上記の食品表示法に基づく食品表示基準等です。表示禁止規制は、特定の内容の表示を禁止するもので、例としては不当表示を禁止している景品表示法です。

第3に、③**規制主体は誰か**という視点です。社内・団体内の広告審査基準等の自主規制があります。また、契約の相手方に権利を付与する規制もあります。例えば、不当表示があった場合に相手方に解除権を付与するものがこれにあたります。行政や競合事業者などの第三者が規制権限を有するものもあります。

景品表示法は、商品・サービスを供給する（P.40-43）限り、その内容や販売方法に限らず、不当表示が禁止されるという意味において、**不当表示規制の基本法**といえます。

● 広告規制の分類表

各広告規制をそれぞれの視点から分類すると以下のとおり

法律	視点		
	①商品・サービスの内容、営業方法	②表示規制の内容	③規制主体は誰か
景品表示法	内容・営業方法を問わない	不当表示禁止	・行政機関 ・適格消費者団体 ・刑事当局
特定商取引法	通信販売等の営業方法	・取引条件等の表示義務 ・誇大広告禁止	・取引相手 ・適格消費者団体 ・行政機関 ・刑事当局
食品表示法	食品の安全性等	・アレルギー等の表示義務 ・誇大広告禁止	・行政機関 ・適格消費者団体 ・刑事当局
健康増進法	食品の健康保持増進効果等の適正確保	誇大広告禁止	・行政機関
薬機法	医薬品等の品質・安全性等の確保	・誇大広告禁止 ・未承認医薬品等の広告禁止	・行政機関 ・刑事当局
医療法	医療行為の安全性	誇大広告禁止	・行政機関 ・刑事当局
家庭用品品質表示法	家庭用品の選択	家庭用品の表示義務	・行政機関 ・刑事当局
消費者契約法	交渉力、情報の質・量	不実の告知等があった場合、消費者契約の取消	・取引相手 ・適格消費者団体
民法	内容・営業方法を問わない	錯誤取消・損害賠償請求等	・取引相手 ・第三者
不正競争防止法	不正競争の防止	誤認惹起行為等の禁止	・競争者 ・刑事当局

まとめ	□ 広告規制を理解するためには、3つの視点から分類するとわかりやすい □ 景品表示法は、不当な表示に関する基本法と位置付けられる

景品表示法の不当表示規制の全体像

● 不当表示規制の全体像

　景品表示法が規制する不当表示には、①商品・サービスの品質などの内容に関する不当表示（**優良誤認表示** P.26）、②商品・サービスの価格などの取引条件に関する不当表示（**有利誤認表示** P.28）、③特定の業種や事項に関し内閣総理大臣が定めた不当表示（**指定告示に係る表示** P.30）があります。

　調査の結果、違反が認められた場合、消費者庁等は事業者に対し、**措置命令**（違反行為の差止め、再発防止策の実施、誤認を排除するため一般消費者への周知徹底、今後同様の違反行為を行わないことなど）ができます。また、事業者が優良誤認表示・有利誤認表示を行った場合、課徴金対象期間における不当表示の対象となった商品・サービスの売上額の3％の額の**課徴金**が課されます。違反が認められない場合でも、違反のおそれが認められる場合には**指導**の措置がとられます（P.120）。これまで、不当表示規制に違反した者が直ちに刑罰に科されることはありませんでしたが、令和5年法改正により故意に優良・有利誤認表示をした場合は、100万円以下の**罰金**が科せられることになりました（P.130）。

　加えて、事業者が優良・有利誤認表示を行っている、または行うおそれがあるときは、適格消費者団体による**差止請求**の対象となります。事業者が景品表示法違反をした場合には、個々の消費者から返金請求や損害賠償請求などの**民事上の責任追及**がなされる可能性もあります（P.124-127）。

● 不当表示の3種類

不当表示には、大きく分けて3つの類型がある

❶優良誤認表示

商品・サービスの品質、規格、その他の内容についての不当表示

❷有利誤認表示

商品・サービスの価格、その他の取引条件についての不当表示

❸指定告示に係る表示

一般消費者に誤認されるおそれがあるとして内閣総理大臣が指定する不当表示
①無果汁の清涼飲料水など ②商品の原産国
③消費者信用の融資費用 ④不動産のおとり広告
⑤おとり広告 ⑥有料老人ホーム
⑦ステルスマーケティング

● 景品表示法違反の行政手続きの流れ

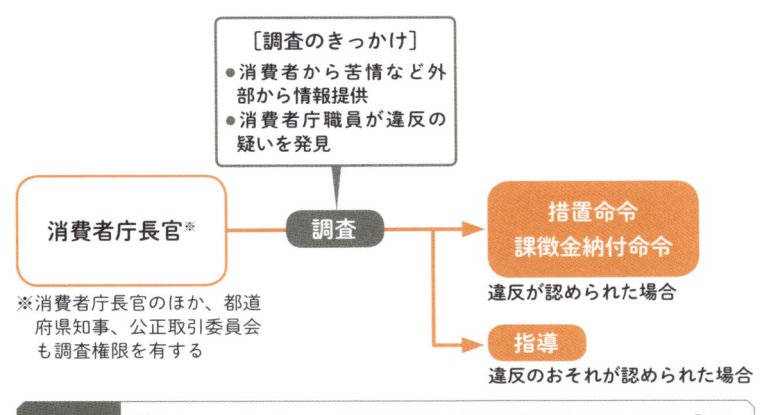

［調査のきっかけ］
●消費者から苦情など外部から情報提供
●消費者庁職員が違反の疑いを発見

消費者庁長官※

※消費者庁長官のほか、都道府県知事、公正取引委員会も調査権限を有する

調査

措置命令
課徴金納付命令

違反が認められた場合

指導

違反のおそれが認められた場合

まとめ	☐ 景品表示法では、①優良誤認表示、②有利誤認表示、③指定告示に係る表示が規制対象である ☐ 景品表示法に違反する行為に対しては、行政処分・罰則・差止請求・返金請求・損害賠償請求などの措置がとられる

優良誤認表示

● 優良誤認表示とは

　景品表示法では、商品・サービスの品質、規格などの内容について、実際のものや事実に相違して競争事業者のものより**著しく優良**であると一般消費者に誤認される表示は、**優良誤認表示**として禁止されています。優良誤認表示は、**商品・サービスの内容**の表示を対象とします。商品・サービスの内容に関するものであれば幅広く対象となり、品質、規格はもちろん「痩せる」「環境にやさしい」などの効能効果や取引の安全なども含まれます。

　優良誤認表示の具体例としては、例えばカシミヤ混用率が50%のセーターに「カシミヤ100%」と表示した場合、その表示は商品の内容について実際のものよりも著しく優良であると一般消費者に示す表示であり、優良誤認表示にあたります。また、「この技術を用いた商品は当社だけ」と表示しながら、実際は競争事業者も同じ技術を用いた商品を販売した場合、その表示は商品の内容について事実に相違して競争事業者のものよりも著しく優良であると一般消費者に示す表示であり、優良誤認表示にあたります。

● 不実証広告規制

　表示の**裏付けとなる合理的な根拠を示す資料**がない表示は、措置命令との関係では、優良誤認表示とみなされます（P.52-55）。この制度は不実証広告規制と呼ばれています。例えば、サプリの広告で食事制限をせずに痩せられると表示したが、裏付けとなる合理的な根拠を示す資料がない場合、その表示は**優良誤認表示とみなされます**。

● 優良誤認表示の具体例

【学校や進学塾の合格実績広告】

＼合格実績No.1／

実際には、適正な比較をしていないにもかかわらず、あたかも「大学合格実績No.1」であるかのように表示

【食肉のブランド表示】

＼国産ブランド牛／

実際には、国産有名ブランド牛ではないにもかかわらず、あたかも「国産有名ブランド牛」であるかのように表示

【健康食品】

＼ラクに痩せる／

楽に痩せる効果の裏付けとなる合理的な根拠資料を有していない表示

まとめ	□ 優良誤認表示とは、商品・サービスの内容について著しく優良であると一般消費者に誤認される表示である □ 表示の裏付けとなる合理的な根拠を示す資料がない表示は、優良誤認表示とみなされる

有利誤認表示

● 有利誤認表示とは

　景品表示法では、商品・サービスの**価格などの取引条件**について、実際のものや、事実に相違して競争事業者のものより**著しく有利**であると一般消費者に誤認される表示は、**有利誤認表示**として禁止されています。すなわち、「お得ですよ」と表示したにもかかわらず、実際には表示の印象から受けるほどお得でなかった場合が有利誤認表示になります。有利誤認表示は、価格やキャンペーン期間などの取引条件の不当表示であり、違反認定するための調査が優良誤認表示に比べて比較的容易な点も特徴です。

（1）取引条件が実際のものよりも著しく有利と誤認される表示

　「通常価格から○○円引き！」と表示していた場合、一般消費者としては最近まで通常価格で販売していたものが現在は値引きされているためお得だと認識します。しかし、実際には通常価格で販売された実績がなかった場合は**不当な二重価格表示**として有利誤認表示にあたります（P.66）。また、「期間限定！今だけ半額！」という表示をした場合、一般消費者は期間限定でお得なのだと認識します。しかし、同じキャンペーンが期間経過後も直ちに行われていた場合には、通常、有利誤認表示にあたります（P.70）。

（2）取引条件が競争事業者のものよりも著しく有利と誤認される表示

　他社と同程度の内容量しかないのにもかかわらず、あたかも「他社商品の２倍の内容量」であるかのように表示する場合や、「地域最安値」と表示したが、実は近隣の店舗の方が安い場合には、有利誤認表示にあたります。

● 有利誤認表示の具体例

【過去の価格と比較】

SUMMER SALE

通常価格5,000円のところを……
今だけ4,000円でご提供！

> 実際には5,000円で販売
> された事実はなかった

【競合との価格比較】

○○電気よりも安くします！

××電気

○○電気より1円でも高い場合は、
お値引きさせていただきます。

> 実際に安くない商品も
> あった

【キャンペーン表示】

今なら配送料無料！
新生活応援 キャンペーン
20XX.3.1 ▶ 4.28

> キャンペーン終了後も
> 配送料は無料であった

まとめ	□ 有利誤認表示とは、商品・サービスの価格などの取引条件について著しく有利であると一般消費者に誤認される表示である

指定告示に係る表示

▶ 指定告示に係る表示とは

優良誤認表示や有利誤認表示に該当するか明確ではないが、一般消費者の適正な商品・サービスの選択を阻害するおそれのある表示について、**内閣総理大臣**が不当表示と指定するものがあります。この類型の不当表示は、内閣総理大臣の指定が告示という形式で行われるので、**指定告示に係る表示**と呼ばれています。

例えば、ワインについてイタリア産と表示しながら、実際にはフランス産であった場合、**原産国表示違反**になります。フランスもワインの産地としては有名であり、イタリア産ワインと比べてどちらが優良であるのかは必ずしも判別できませんが、一般消費者は原産国に着目して商品選択を行うことがあり得ます。その場合に、事業者が行う原産国についての表示が実際の原産国と異なっていれば、一般消費者に誤認を与える表示といえます。この他にも商品・サービスの入手可能性に関する表示であるおとり広告（P.72）や、広告であることを隠した広告であるステルスマーケティング（P.74-79）も**指定告示に係る表示**として禁止しています。

▶ 指定告示に係る表示の特徴

指定告示に係る表示は内閣総理大臣が指定でき、法律改正による必要がないため、社会情勢に応じた対応が可能です。指定告示に係る表示は、その指定告示の要件に該当すれば、景品表示法違反となり、**措置命令の対象**となります。一方で、課徴金納付命令（P.120）や差止請求（P.124-127）、直罰（P.130）の対象ではありません。

◉ 内閣総理大臣が告示を指定する要件

✓商品・サービスの取引に関する事項であること
✓一般消費者に誤認されるおそれがある表示であること
✓不当に顧客を誘引し、一般消費者による自主的かつ合理的な選択を
　阻害するおそれがあると認められること

◉ 指定告示の一覧

現在、内閣総理大臣が指定しているものは、次の7種類の告示

①無果汁の清涼飲料水等についての表示
②商品の原産国に関する不当な表示
③消費者信用の融資費用に関する不当な表示
④不動産のおとり広告に関する表示
⑤おとり広告に関する表示
⑥有料老人ホームに関する不当な表示
⑦一般消費者が事業者の表示であることを判別することが困難であ
　る表示（ステルスマーケティング）

まとめ	□ 優良誤認表示や有利誤認表示のほか、一般消費者に誤認されるおそれがある表示を特に指定して、禁止している □ 景品表示法に基づいて、内閣総理大臣が不当表示を機動的に指定でき、現在7つの指定告示が存在する

不当表示となる要件とは？

~不当表示の類型と要件~

○ 不当表示類型ごとの法律要件の共通点や違い

　景品表示法の要件に該当する表示が、不当表示です。以下では、不当表示類型ごとに法律要件の共通点や違いを整理・確認します。右図と合わせて確認しましょう。

（1）不当表示に共通する要件（5条柱書）：不当表示に共通する要件は、①**事業者**が（P.34）、②**自己の供給する**商品・サービスの取引について（P.40-43）、③**一般消費者**に対して（P.50）、④**行う**（P.38）⑤**表示**（P.36）であって、⑥**不当に顧客を誘引し、一般消費者による自主的かつ合理的な選択を阻害するおそれがあると認められるもの**です。④表示を行うとは、表示内容の決定に関与するという意味です。⑥要件は、以下の要件の⑧「著しく」か、⑨指定告示の表示をすれば、通常、⑥要件も認められるため、単独では問題になりません。

（2）優良誤認表示（5条1号）の要件：共通要件に加え、⑦商品・サービスの**品質などの内容について**、実際のものより⑧**著しく**（P.44-47）⑨**優良であると示す**（P.26）ことです。

（3）有利誤認表示（5条2号）の要件：共通要件に加え、⑦商品・サービスの**価格などの取引条件について**、実際のものよりも⑧**著しく**（P.44-47）⑨**有利であると示す**（P.28）ことです。

（4）指定告示に係る表示（5条3号）の要件：共通要件に加え、⑦指定告示のある7種類の表示について、⑨指定された要件（P.30）があります。指定告示には誤認の程度を示す「著しく」要件がなく、指定告示の要件を満たせば違反要件を満たし、景品表示法違反となります。

● 不当表示の法律要件の全体構造

	優良誤認表示	有利誤認表示	指定告示に係る表示
①誰が（P.34）	事業者		
②何について（P.40-43）	自己の供給する商品・サービスの取引		
⑦自己の供給する商品・サービスの取引のうち、何の事項について	品質などの内容	価格などの取引条件	・無果汁の清涼飲料水等 ・商品の原産国 ・消費者信用の融資費用 ・不動産のおとり広告 ・おとり広告 ・有料老人ホーム ・ステルスマーケティング
③誰に対して（P.50）	一般消費者		
④どんな行為（P.38）	表示する（内容決定に関与）		
⑤対象（P.36）	表示		
⑥⑧どの程度	著しく（P.44-47）		各告示で指定された内容（P.30）
⑨どのような表示	優良であると示す（P.26）	有利であると示す（P.28）	各告示で指定された内容（P.30）

まとめ	☐ 法律要件をすべて満たすものが**不当表示**である。一見表示ごとに要件は複雑だが、共通する部分が多い

不当表示規制の対象となるのは「事業者」である

● 「事業者」とは

　景品表示法は、一般消費者の利益を保護することを目的とする法律です（P.10）。この目的を実現するため、景品表示法は**事業者**が行う不当表示を規制しています。景品表示法上、事業者は「商業、工業、金融業その他の事業を行う者」と規定されています。

　具体的には**営利を目的としているかどうかを問わず、経済活動を行っている者はすべて**事業者に該当するとされています。そのため、営利目的ではない協同組合や共済組合、公的機関であっても、商品・サービスを供給する事業については事業者にあたります。また、学校法人や宗教法人であっても、収益事業を行う場合には、事業者にあたります。「○○士」「○○師」などという名称を持ついわゆる資格者も、当該資格を用いて事業をする場合には事業者に該当します。

　近年、フリマサービスなどのデジタルプラットフォームを介した個人間取引（CtoC取引）が拡大しています。**個人を装っていたとしても、その取引の数・流通金額などから事業者と判断される場合には、景品表示法が適用され、不当表示規制が及ぶ**ことになります。こうした事業者は隠れBと呼ばれています。

● 外国事業者の「事業者」該当性

　外国の事業者が支店や営業所を日本国内に有していない場合であっても、日本の一般消費者向けに商品・サービスを販売し、日本の一般消費者向けに表示を行っている場合には、景品表示法の適用対象となるので、注意が必要です（P.20）。

● 事業者の例

金融機関

学校法人

宗教法人

個人が事業者と判断される場合

外国事業者

輸入

まとめ	□「事業者」には経済活動を行っている者すべてが含まれる □ 個人であっても事業者に該当し、景品表示法が適用される 　場合がある

不当表示の対象となる「表示」とは

● 景品表示法が対象としている「表示」は広い

　表示とは、**顧客を誘引する手段として、事業者が自己の供給する商品・サービスの内容や取引条件等についてする広告その他の表示**であり、その内容は告示で指定されています。**顧客を誘引する**とは、取引関係に入らせたり取引を継続させたりすることですが、これは表示の受け手を基準として客観的に決まるため、実際に誘引された顧客の特定も、対象商品が購入されたことも必要ありません。**表示形態を問わず、一般消費者に届くものは「表示」と考え、不当表示でないか確認をしておく**ことが重要です。

（1）告示で指定されている「表示」

①商品等の表示（**商品や容器、包装の表示、商品添付の広告**等）

②受け手に届く表示（**見本、チラシ、カタログ、ダイレクトメール、セールストーク等の口頭による広告**等）

③設置等する表示（**ポスター、看板（建物、電車、自動車等のラッピング広告**を含む）等、**陳列物、実演販売**等の広告）

④広告媒体等に掲載する表示（**新聞、雑誌等の出版物、テレビ、ラジオ等の放送、映写、演劇、電光による広告**）

⑤パソコンや携帯電話等への表示（**インターネット広告、メール**等）が告示で広く指定されています。

（2）実際に不当表示と認定されたことのある「表示」

　過去には**バナー広告**や**ライブコマース**（インターネット配信での発言）（2017.7.19措置命令）、**プレスリリース文**（2022.9.9措置命令）も不当表示と認定されています。

● 表示の例

① 商品、パッケージ、ラベル

② チラシ、パンフレット、カタログ

ダイレクトメール

③ ポスター、看板

セールストーク（訪問・電話）

ディスプレイ（陳列）、実演販売

④ 新聞、雑誌、出版物、テレビ・ラジオCM

⑤ インターネット上の広告、メール

まとめ	☐ 一般消費者向けの広告等は広く「表示」に含まれる ☐ 表示形態を問わず、一般消費者に届くものについては事前のチェックを怠らないことが重要

不当表示規制の対象は
表示行為を行った事業者である

● 表示をした事業者とは

　景品表示法は、表示をした事業者に適用されます。**表示をした事業者とは、「表示内容の決定に関与した事業者」である**と考えられています。例えば、

①自ら又は他の者と共同して積極的に表示の内容を決定した場合、

②他の者の表示内容に関する説明に基づきその内容を定めた場合、

③他の事業者にその決定を委ねた場合などが含まれます。

　②については、他の事業者が決定したあるいは決定する表示内容について、その事業者から説明を受けてこれを了承し、その表示を自己の表示とすることを了承した事業者があたります。

　③については、自己が表示内容を決定できるにもかかわらず、他の事業者に表示内容の決定を任せた事業者があたります。例えば、アフィリエイト広告について、広告主がアフィリエイターに表示内容の決定を委ねている場合など、広告主がその表示内容の決定に関与しているといえる場合は、③の類型にあたり、広告主が表示主体になると考えられます（P.80）。

● 表示をした事業者に景品表示法が適用される理由と判断基準

　「表示内容の決定に関与した事業者」に景品表示法が適用されるのは、自らが不当表示の内容を決定したことにより、一般消費者の自主的かつ合理的な商品・サービスの選択を阻害させるおそれを生じさせたといえるからです。そのため、**表示内容を決定したという実態があると評価できるかが表示主体といえるか否かの基準**となります。

● 「表示内容の決定に関与した事業者」の解釈

先例である裁判例（ベイクルーズ事件：東京高判平成20年5月23日）で示された考え方

事案概要	輸入業者が輸入した商品を購入し、一般消費者に販売していた衣料品の小売業等を営む事業者（ベイクルーズ社）は、実際はルーマニアで縫製された輸入商品について、「イタリア製」であると輸入業者から説明を受け、それに基づいて「イタリア製」と記載したタグ等を作成させ、当該タグを付けた商品を自社ショップで販売していた
要旨	「他の者の表示内容に関する説明に基づきその内容を定めた（本文②）事業者」とは、他の事業者が決定したあるいは決定する表示内容についてその事業者から説明を受けてこれを了承し、その表示を自己の表示とすることを了解した事業者であるとしたうえで、ベイクルーズ社は、「他の者の表示内容に関する説明に基づきその内容を定めた事業者」すなわち「表示内容の決定に関与した事業者」にあたり、景品表示法の対象になるとされた

広告

内容決定 → 誤認される →

事業者　　　　　　　　　　　　　　一般消費者

> 景品表示法では、広告の内容決定をした事業者を適用対象とすることで一般消費者の自主的かつ合理的な商品選択を保護している

まとめ	☐ 表示主体といえるかは、表示内容を決定したという実態が認められると評価できるかが重要である

「自己の供給する」
商品・サービスとは①

● 供給主体性の要件「自己の供給する」商品・サービスの取引

　景品表示法上の不当表示に対する責任を負うのは、「自己の供給する」商品・サービスの取引について表示をした事業者です（P.32）。このような事業者は供給主体と呼ばれます。

　「自己の供給する」商品・サービスの取引は、**商品・サービスの流通等の実態を見て実質的に判断**されます。また、「取引」は商品が最終需要者である一般消費者に至るまでの取引を含むため、一般消費者と直接取引をする**小売事業者だけでなく、メーカーや卸売事業者等、販売ルート上の事業者はすべて供給主体**となります。

　以前は、事業者が商品・サービスの供給を受ける場合は、事業者が商品・サービスを「供給」していないため、景品表示法の規制対象外と考えられていました。しかし、鑑定買取りのように物品を査定して金銭に換えるという**サービスを提供している場合、その事業者はサービスを「供給」している**ので景品表示法の規制対象とされています。フランチャイズチェーンが扱う商品・サービスについての表示をフランチャイズ本部が行う場合、フランチャイズ本部自体は商品販売やサービス提供をしていなくとも、「自己の供給する」商品・サービスについて表示したと評価されます（供給主体となる）。これに対し、広告代理店、新聞、出版等の**広告媒体は、広告される商品・サービスを自ら供給していない**ため、「自己の供給する」に該当せず（供給主体でない）、**通常、景品表示法の規制対象となりません**。アフィリエイトによって収入を得ているアフィリエイターも同様と考えられます（P.80）。

● 供給主体となる販売ルート上の事業者の例

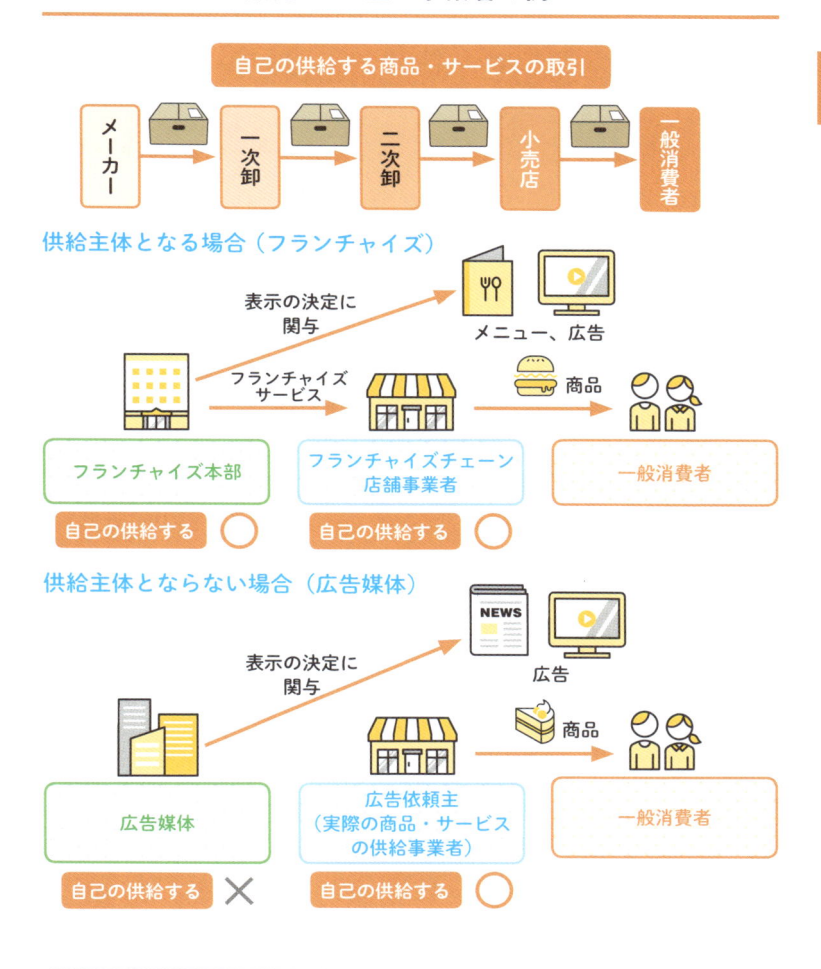

自己の供給する商品・サービスの取引

メーカー → 一次卸 → 二次卸 → 小売店 → 一般消費者

供給主体となる場合（フランチャイズ）

表示の決定に関与

メニュー、広告

フランチャイズサービス

商品

フランチャイズ本部　　フランチャイズチェーン店舗事業者　　一般消費者

自己の供給する ◯　　自己の供給する ◯

供給主体とならない場合（広告媒体）

表示の決定に関与

NEWS　広告

商品

広告媒体　　広告依頼主（実際の商品・サービスの供給事業者）　　一般消費者

自己の供給する ✕　　自己の供給する ◯

まとめ	☐ 自己の供給する商品・サービスの「取引」には、一般消費者に至るまでのすべての取引が含まれ、販売ルート上の事業者すべてが供給主体となる ☐ 事業者が商品を買い取る取引でも、査定し買取りサービスを提供している場合は供給主体となる

「自己の供給する」
商品・サービスとは②

◉ 共同の供給主体

　供給主体要件の発展として、一般消費者に対して商品・サービスを提供していないプラットフォーマーについて考えます。

　供給主体性は、事業者間で共同して認められることがあります。例えば、オンラインショッピングモールなどにおける企画については、ショッピングモールの事業形態や受注・決済等のシステム、運営者が販売方法の企画や実施にどの程度参画したかによっては、**ショッピングモールの運営事業者も、出店者と共同して「自己の供給する」取引を提供している**と認められる場合があります。

◉ プラットフォーマーに供給主体性が認められた例

　①フランチャイズ本部の例（P.40）に近いような場合には、プラットフォーマーも供給主体となり得ます。葬儀サービスあっせん会社に対する措置命令（2017.12.22）では、実際に葬儀サービスを提供していたのはあっせん会社ではなく、あっせんされた葬儀社でした。しかし、あっせん会社は葬儀社に対し、**葬儀サービスの内容、価格などの取引条件の決定、顧客管理支援などを行っていた**ので、葬儀サービスを「自己の供給する」ものと認定されました。

　②プラットフォームが供給するサービス自体が問題となることもあります。就労支援サービス事業者に対する措置命令（2022.4.27）では、**無償の就職支援サービス**に不当表示があったと認定されました。従来、有償取引が対象と考えられてきた「取引」ですが、法律文言に照らして**無償取引を含むと解釈し得る**のです。

● 「自己の供給する」取引の考え方

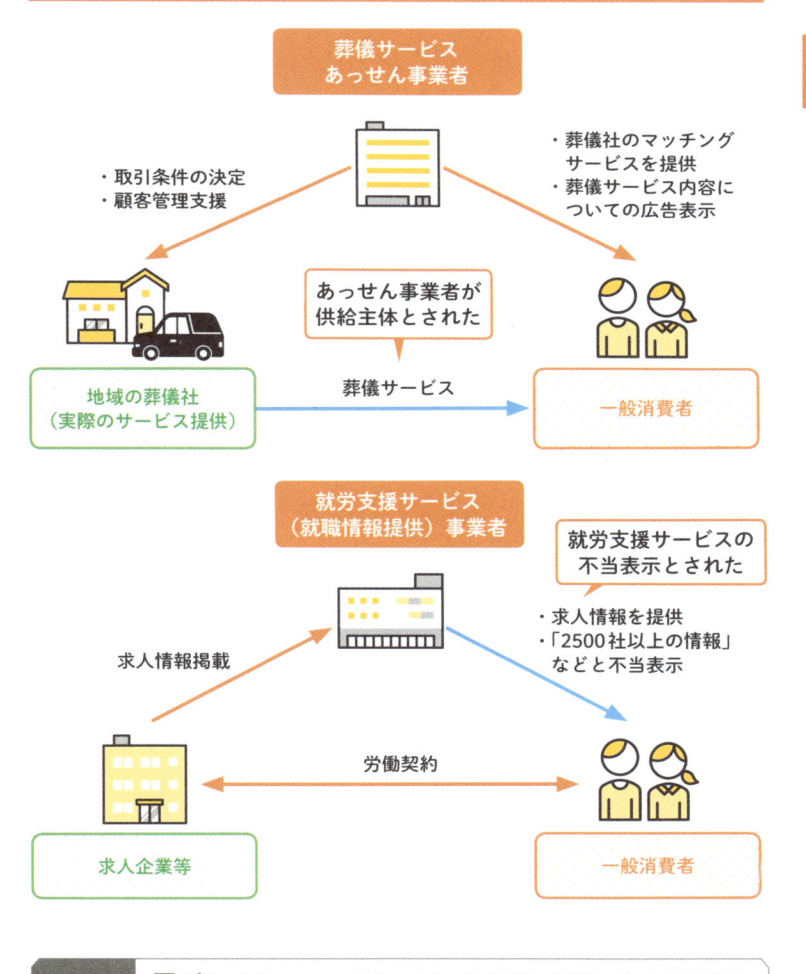

**葬儀サービス
あっせん事業者**

・取引条件の決定
・顧客管理支援

あっせん事業者が
供給主体とされた

・葬儀社のマッチング
サービスを提供
・葬儀サービス内容に
ついての広告表示

地域の葬儀社
（実際のサービス提供）

葬儀サービス →

一般消費者

**就労支援サービス
（就職情報提供）事業者**

求人情報掲載

就労支援サービスの
不当表示とされた

・求人情報を提供
・「2500社以上の情報」
などと不当表示

労働契約

求人企業等

一般消費者

まとめ

☐ プラットフォーマーであっても、出店者と共同して、または単体
で供給主体の要件「自己の供給する」が認められる場合が
ある

☐ 提供するサービスが無償であっても、自己の供給する「取引」
と認められる場合がある

優良・有利誤認表示の要件「著しく」の程度

●「著しく優良」「著しく有利」とはどの程度か

表示（広告）は商品・サービスを選んでもらうための事業者の手段であって、一定程度の誇張があることは一般消費者もわかっているため、広告に含まれる少しの誇張だけでは不当表示となりません。不当表示になるのは、社会一般に許容される程度を超える誇張があった場合であり、これが法律上「著しく」という要件で表現されています。

したがって、「著しく」とは**一般消費者が商品・サービスを優良・有利であると誤認する程度や広告での誇張が「社会通念上許される程度を超えたもの」**です。商品・サービスの選択に不当な影響を与えるかどうか、表示を誤認して一般消費者が誘引される（＝商品・サービスを選択する）か否かが判断のポイントであり、**その誤認がなければ顧客が誘引されることが通常ないであろうと認められる程度に達している**ものが「著しく優良」「著しく有利」に該当します。

●「著しく」の程度は客観的優劣ではなく一般消費者が基準

「著しく」は、**一般消費者の誤認や誘引を基準に判断します**（P.50）。例えば化学合成のビタミンＣを使用した商品に「天然ビタミンＣ」と表示した場合、栄養学的に天然と化学合成のビタミンＣに優劣がない（等価）としても、天然ビタミンＣだと誤認しなければ顧客が誘引されることが通常ないであろう程度と認められれば、著しく優良と示す不当表示となります（2004.7.29措置命令）。

● 「著しく」の程度は一般消費者が基準

著しいとはいえない程度の誇張

時間をかけてプロ写真家に撮って
もらった発色良いキラキラ写真

実際の料理は写真ほどのツヤがない

消費者

宣伝用のキラキラ写真だ
ろうから決め手にはなら
ないけれど…今日はこの
店にしよう

写真そのものの料理と誤認しておらず、誤認によって誘引されてもいない

✕ 著しく優良と示す表示

黒毛和牛
100％の店

本当は和牛ではない

消費者

和牛が食べられるに
違いない。
この店にしよう

和牛が食べられると誤認しなければ、この店に誘引されないと認められる

100％！
天然のアセロラ由
来のビタミンC

ビタミンCの大部分が、
アセロラ由来ではなく、
化学合成されたものだった

消費者

天然アセロラ由来の
ビタミンCに
違いない

天然由来だという誤認をしなければ、顧客は誘引されなかったと認められる

まとめ	□ 「著しく」とは、社会通念上許される限度を超えたものであり、その誤認がなければ顧客が誘引されることが通常ないであろうと認められる程度に達しているもの □ 「著しく」の程度は、一般消費者の誤認や誘引を基準とする

優良・有利誤認表示の要件「著しく」における注意点

● 一般消費者の認識を考える際に注意すべき点(暗示的表現、複数の認識がありうること)

「著しく」とは、**社会通念上許される程度を超えたものであり、その誤認がなければ顧客が誘引されることが通常ないであろうと認められる程度に達している**ものです（P.44）。この判断は一般消費者が表示全体から受ける印象・認識が基準となるため、効能効果を直接記載しない**間接的・暗示的な表現でも、一般消費者は具体的な効能効果を認識する**ことがあるという視点は重要です（右図参照）。

また、**一般消費者が表示から受ける認識は一つとは限らない**ことにも注意が必要です。例えば、ミックスジュースについて大きなメロンの絵と「100% MELON TASTE」と記載した場合に、「メロンの味」という認識と「ジュースの大部分がメロン果汁」という認識の両方が形成され、実際にメロン味だとしても、メロン果汁が少ない場合に「著しく」と評価された例があります（2022.9.6措置命令）。

● 「著しく」の認定は厳格化傾向にあること

外国車両販売会社に対する事例（2021.12.10措置命令）では、実際には車の標準装備でなかったのに、9日間、カタログの詳細欄に「〈標準装備〉サングラスケース」等と表示したことが優良誤認表示と認定されています。高級外国産車の選択において、走行や外観に直接影響しないサングラスケース等の記載が「社会通念上許される程度を超えた」とされたことは、近時の厳格化の一例です。

この厳格化に対応するには、**事実と異なることは記載しない姿勢での確認が重要**です。

◉ 暗示表現も一般消費者の認識を作るため規制対象

チラシ

加齢でぼんやりにごってきた…。
新聞が読みづらい…。
そんなアナタに○×成分！
クリアですっきり！

モニターAさんの声

読書習慣も復活し、
本好きの孫と共通の
話題があります。

このサプリを摂れば
目のぼんやり
にごった状態が
改善するのかな

◉ 複数の認識が作られる表現にも注意が必要

チラシ

100%
MELON TASTE

メロンの味

大部分が
メロン果汁

まとめ	☐ 「著しく」の基準となる一般消費者の印象・認識を考える際には、暗示的表現や、複数の認識があり得ることにも注意
	☐ 「著しく」の認定は、近時、厳格化の傾向があるため、事実と異なることを記載しない姿勢での確認が重要

強調表示・打消し表示

▶ 強調表示とは

　商品・サービスの内容や取引条件に関し、目立つ方法や断定的な方法等で、一般消費者に訴求するための表現を「強調表示」といいます。一般消費者が表示から受ける認識はおおむね強調表示によるものといえ、**強調表示だけで一般消費者が商品・サービスを正しく認識できることがまず重要です。**

▶ 打消し表示は一般消費者が認識できて初めて機能する

　強調表示の内容に例外、制約や適用条件などがある場合は、そのことを一般消費者が認識できるようにしなければなりません。このように、**強調表示からは読み取れないが、一般消費者の商品・サービスを選択する時の重要な考慮要素の表示が「打消し表示」です。**打消し表示は適切に読まれ難い傾向がありますが、強調表示の内容に例外などがあることを一般消費者が正しく認識できる場合に初めて機能します。したがって、

①理解できない内容（強調表示と矛盾する、専門用語を用いる）、
②認識しにくい方法（文字が小さい、見にくい配色、強調表示と離れた場所の記載、（動画内において）表示時間が短いなど）の場合
には、一般消費者が認識できるとは評価できず、打消し表示は機能しません。

　打消し表示が機能しない結果、強調表示によって商品・サービスに制約等がないと一般消費者に誤認が生じる場合は、不当表示となるおそれがあります。

● 打消し表示として機能しない例

打消し表示が強調表示と矛盾し、打ち消せない場合

【例】車の傷の補修剤の広告

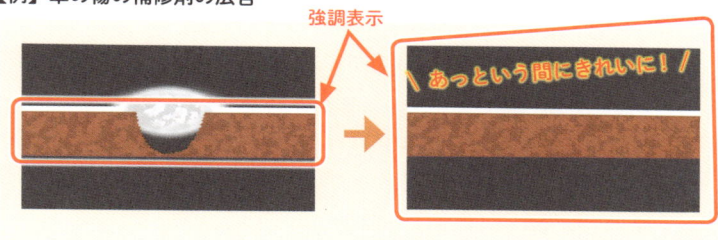

強調表示

あっという間にきれいに！

※クリアコート上についた浅いキズを修復するための商品です。クリアコート下の塗装まで達して
　いるキズの修復には使用しないでください

> 打消し表示として記載されているが、強調表示と矛盾する内容。
> 一般消費者が強調表示から得た認識（クリアコート層の下のカ
> ラー層も修復するとの認識）を打ち消すものとはいえない

打消し表示が認識しにくい場合

【例】ファッションサイトの広告

全品半額！

強調表示

※3万円以上の商品が対象です。
※一部ブランド品は除きます。
※特別割引品は除きます。

> 強調表示や女性・商品の絵は、その場所、大きさ等から目を引くのに
> 対し、打消し表示の文字は小さく、端にあり、背景色との関係でも認
> 識しにくい。一般消費者が打消し表示を認識したと評価できない

まとめ

- □ 強調表示のみで商品・サービスを正しく認識できることが原
　則である
- □ 打消し表示は、一般消費者が打消し表示の内容を正しく認
　識できるかの確認を慎重に行う必要がある

不当表示の要件にある「一般消費者」とは誰か

▶「一般消費者」は特定の人ではない

　不当表示の要件（P.32）である「**一般消費者による自主的かつ合理的な選択**」「**一般消費者に誤認される**」などの「一般消費者」は、特定の人ではなく、抽象的な概念としての存在です。そのため、A氏が勘違いをしたからといって「一般消費者に誤認される」表示とは限らず、反対に、B氏が博識であったために誤認しなかった場合でも「一般消費者に誤認される」表示に該当することはあります。また、例えばベビー用品など、**商品・サービスの需要者が限定されている場合は、その需要者層**が一般消費者です。

　裁判例は、商品・サービスにそれほど詳しい情報・知識のない**通常レベルの消費者、一般レベルの常識を有している消費者**との旨（大阪地判令和3年4月22日）、広告にはある程度の誇張や単純化が行われる傾向があり、**健全な常識を備えた一般消費者**もそのことを認識している旨（東京高判令和3年9月29日）を述べています。本書ではひとまず「一般レベル」と「健全な」に大きな違いがあるとは考えず、**一般レベルや健全な常識を有するのが一般消費者**とします。

▶ 表示全体から「一般消費者」が受ける印象・認識が基準

　一般消費者の認識の基礎となるのは、特定の記載だけでなく表示全体であり、また、一般消費者は、事業者名や暗示的表現などからも印象・認識を形成するものです。表示を作成する際には、**事業者が持つ知識や事業者側の期待を前提とせず、一般消費者がどう受け取るかを常に確認する必要**があります。

● 概念としての一般消費者

概念としての「一般消費者」

健全な常識 → 一般レベルの常識

需要者が限定された商品の場合

ベビー用品 → ベビー用品の需要者層が一般消費者

「一般消費者」の認識が表示全体から形成される例

一頭買いの店 和牛や本舗

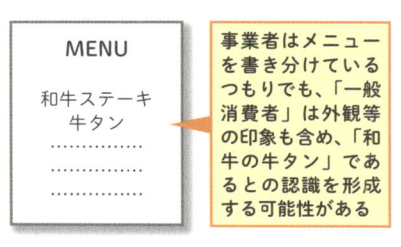

MENU

和牛ステーキ
牛タン
……………
……………
……………

事業者はメニューを書き分けているつもりでも、「一般消費者」は外観等の印象も含め、「和牛の牛タン」であるとの認識を形成する可能性がある

まとめ	☐ 一般消費者は、特定の誰かではなく、概念としての存在である
	☐ 表示から受ける印象は、事業者基準ではなく、一般消費者がどう受け取るかを考える

表示には合理的根拠資料が必要（不実証広告規制）

● 不実証広告規制とは

　消費者庁長官は、優良誤認表示（P.26）か否かを判断するために必要があると認めるときは、事業者に対し15日間の期間を定め表示の裏付けとなる**合理的根拠資料の提出を求める**ことができます。この場合、**期間内に合理的根拠資料が提出されないときは、優良誤認表示とみなし、**措置命令（P.120）をすることができます（課徴金納付命令（P.120）との関係では優良誤認表示と推定される）。**不実証広告規制**と呼ばれ、消費者被害拡大を迅速に防止する必要があること、表示の根拠は通常事業者が保有していることから設けられた制度です。

　不実証広告規制は優良誤認表示全般に適用され、No.1表示（P.56）や比較広告（P.58）の他、特定保健用食品・機能性表示食品（P.60）であっても、優良誤認表示の疑いがあれば対象となります。措置命令の効力を争う裁判でも、処分にあたり不実証広告規制で合理的根拠資料の提出がなかったことが認定されれば、優良誤認表示とみなす効果は維持されます。なお、15日間の期間は基本的に延長されず、追加実験の必要性等は期間延長の正当な事由となりません。

　近年は優良誤認表示と認定された事案の多くで不実証広告規制が利用されており、最近の事例では、糖質カット表示をしていた炊飯器の販売業者に対する措置命令（2024.2.8公表）、新型コロナウイルスの感染予防効果などを表示していた健康食品の販売業者への措置命令（2022.9.9公表）などがあります。不実証広告規制の利用状況も踏まえれば、**表示に対応する根拠**（P.54）**を常に確認する**ことが会社のガバナンスとして重要です（P.134）。

● 不実証広告規制のイメージ

「痩せる」を打ち出した商品

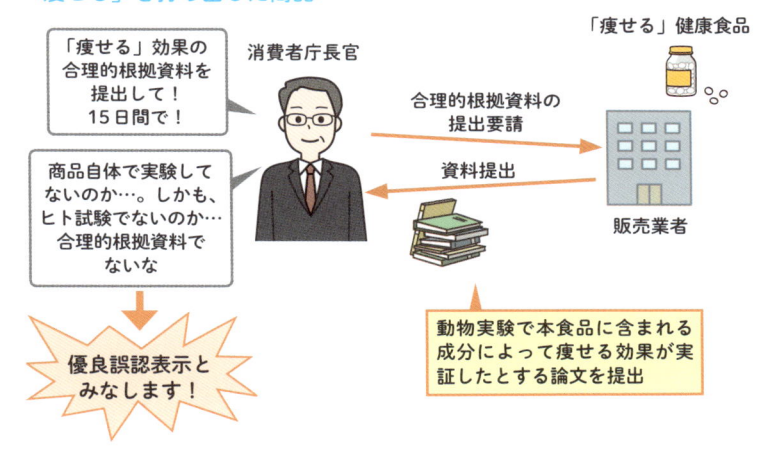

● 近年の優良誤認表示と不実証広告規制の件数

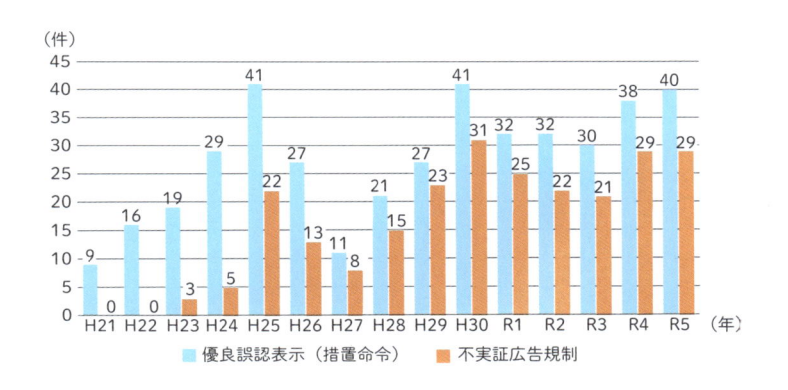

| まとめ | □ 行政処分においては、期間内に合理的根拠資料の提出がなければ優良誤認表示とみなす（推定する）制度がある |
| | □ 事業者は表示に対応する根拠があるかを常に確認することが重要 |

表示を裏付ける
合理的根拠資料の作り方

● 不実証広告規制における合理的根拠資料とは

消費者庁の運用指針によれば、不実証広告規制（P.52）における合理的根拠資料といえるためには、**①提出資料が客観的に実証された内容のものであり、②表示された効果・性能と提出資料によって実証された内容が適切に対応している**必要があります。

運用指針では、①の客観的に実証された内容の資料として（A）試験・調査によって得られた結果、（B）専門家・専門家団体・専門機関の見解や学術文献が挙げられています。（A）と（B）それぞれの詳細については右表のとおりですが、これまでに実証等がなされていない新しい分野の商品・サービスの表示については、（A）により合理的根拠を準備することが原則です。①に該当しない例としては、広い地域で販売する商品について、一部地域での少数のモニターによる統計調査を行うなど、客観性が確保されていない方法で検証している場合などが挙げられます。

②については、実証された結果の範囲内で効果・性能の表示を行う必要があります。この場合、**商品・サービスの表示から一般消費者が認識する商品・サービスの内容が実験・調査等の結果の内容より優れたものにならないようにすることも重要**です。

例えば、試験用アクリルケース内において、商品が害虫に対して一時的に回避行動を取らせることを確認したにすぎないにもかかわらず、人の通常の居住環境における実用的な害虫駆除効果があるように表示した場合などは、②の要件を満たさないといえます。

● 合理的根拠資料といえるための要件

①提出資料が客観的に実証された内容のものであること（※）	（A）以下の実施方法で行われた試験・調査によって得られた結果 ・学術界・産業界において一般的に認められた方法や関連分野の専門家多数が認める方法 ［例］日用雑貨品の抗菌効果試験について、JIS（日本工業規格）に規定する試験方法によって実施したもの。 ・上記の方法がない場合は、社会通念上・経験則上妥当と認められる方法 （B）以下の専門家・専門家団体・専門機関の見解や学術文献 ・客観的に評価されたものであり、その専門分野で一般的に認められているもの
②表示された効果・性能と提出資料によって実証された内容が適切に対応していること	実証された範囲内で効果・性能の表示が行われていること。以下の場合などは認められない ・実験結果で得られた数値などを超える効果・性能を表示する場合 ・実験などが行われた環境や対象と表示から一般消費者が認識する使用環境・対象が異なる場合 ・他の事象と併せることで生じる効果が、商品・サービスのみで生じるかのように表示する場合

※①（A）か（B）のいずれかに該当すれば良い。これまでに実証等がなされていない新しい分野の商品・サービスの表示については、（A）により合理的根拠資料を準備することが原則

まとめ	□ 表示の合理的根拠資料とは、①客観的に実証された内容で、②その内容と表示された効果・性能が適切に対応しているものをいう

「No.1表示」「最上級表示」の正しい利用

● No.1表示の意義と優良・有利誤認表示のリスク

　No.1表示とは、商品・サービスが特定の分野・条件で1位であることを表示するもので、インターネット広告を中心に近年頻繁に目にします。No.1表示を見た一般消費者は、他社の情報を収集することなく購入に誘引されるため、No.1表示が活用されています。また、No.1表示の作成を請負うリサーチ会社の登場も普及の要因です。

　しかし、**No.1表示に、一般消費者が表示から得る認識と実際の結果に乖離がある場合には、優良・有利誤認表示となるリスク**があります。No.1の結果を得るにあたり、リサーチ会社等が同社の判断で選定した数社の**ウェブサイトを見た印象を問うイメージ調査**が行われることがありますが、このような手法はNo.1といえるだけの**客観性がない可能性**があります。こうした調査を受けて「満足度No.1」などと表示されていれば、**一般消費者は、それがイメージ調査の結果だとは思わず、商品・サービスの口コミ評価などが1位であると認識**すると考えられます。この場合、いくらイメージ調査であることを注釈等に記載しても、「No.1」から得る一般消費者の認識と矛盾するため、打消し表示（P.48）として不十分と評価される可能性があります。

　No.1表示については、数多くの行政処分事例があり、最近では、有名モバイルルーターサービス事業者が措置命令を受けています（2024.3.1公表）。また、同年9月26日には「No.1表示に関する実態調査報告書」が公表されました。No.1表示をする場合には、**実際の商品・サービスや実際にそれを使用した人を対象にした客観的な調査を行い、その結果を正確かつ適切に引用**する必要があります。

● No.1表示のイメージと普及の背景

● 不当表示にならないNo.1表示・不当表示になるNo.1表示

不当表示にならない No.1表示	①実際の商品・サービスや実際にそれを使用した人を対象にした客観的な調査が行われており、②その調査結果が正確かつ適正に引用された結果、No.1となっている場合（直近の調査結果であり、No.1の対象となる商品・サービスや地域の範囲、調査期間・時点、調査の出典などを明瞭に表示することを含む）
不当表示になる No.1表示	・調査結果の一部を恣意的に切り取り、No.1にしている場合 ・リサーチ会社等が同社の判断で選定した数社のウェブサイトを見た印象を問うイメージ調査でNo.1となっているに過ぎない場合

まとめ	□ No.1表示は、消費者が得る認識と実際の調査結果に乖離がある場合、優良・有利誤認表示となるリスクがある □ No.1表示をする際は、実際の商品・サービスや実際にそれを使用した人を対象とした客観的な調査を行い、その結果を正確かつ適切に引用する必要がある

比較広告

● 比較広告の意義と不当表示にならないための要件等

　比較広告とは、**競争関係にある事業者の商品・サービスを対象として、内容・取引条件等を比較する広告**をいいます。適切な比較広告は、一般消費者が商品・サービスを選択するにあたり、特徴を適切に比較し得るための情報を提供するものとして有用です。

　不当表示とならないためには、①比較広告で主張する内容が**客観的に実証**されている、②実証されている**数値や事実を正確かつ適正に引用**する、③**比較の方法が公正**であるという3点が必要です。

　①②は、不実証広告規制での合理的根拠資料の要件（P.54）と同じです。①について、比較する商品・サービスの特性について確立された方法がある場合はその方法で、ない場合は社会通念や経験則上妥当な方法で実証される必要があります。実証方法が妥当なものである限り、自社調査でも①を満たし得ます。②について、例えば、多数の項目について比較調査が行われた場合に、一部の項目の結果のみを引用等する際は、調査結果の趣旨に反し自社製品が優良・有利に見える表示とならないよう留意が必要です。③について、一般に、どのような事項について比較しても問題ありません。しかし、例えば、瑣末な点の比較により全体として優良・有利であるかのように表示したり、同等でないものを同等であるかのように比較すると不当表示となるおそれがあります。

　なお、事実を基にしていても、信用失墜・人身攻撃にわたるもの等、実際より著しく劣っているような印象を一般消費者に与えるものは不当表示となるおそれがあるため、この点にも留意が必要です。

● 比較広告のイメージ

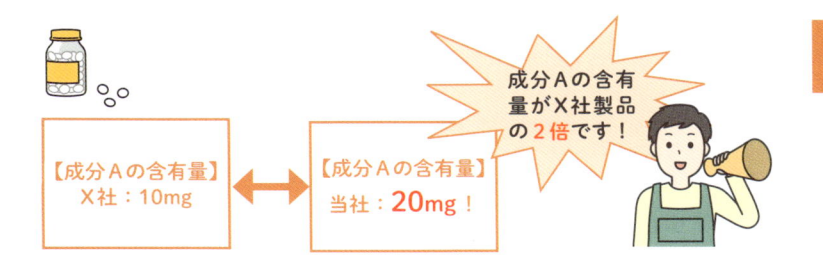

【成分Aの含有量】
X社：10mg

【成分Aの含有量】
当社：**20mg**！

成分Aの含有量がX社製品の**2倍**です！

● 比較広告が不当表示とならないために留意すべき点

①実証	・比較広告で主張する範囲についてはすべて実証する ・実証は確立された方法や社会通念・経験則上妥当な方法で行う※ （例）確立された方法としては、自動車の燃費効率における10モード法など。社会通念・経験則上妥当な方法としては、無作為抽出法で相当数のサンプルを選んで行う調査など ※公的機関や客観的に信頼できる競業事業者の公表数値・事実は、実証されたものと取り扱える。自社調査でも実証方法が妥当である限り、比較広告の合理的根拠資料となる
②引用	・特定の条件下での実証結果の場合、その条件を明確に表示する ・調査結果本来の趣旨と異なる結果となるような恣意的な抜粋等はしない ・調査機関・調査時点・調査場所等を明示する
③比較方法	・商品・サービスの主要ではない要素を比較し、あたかも全体が優良・有利であるかのように強調しない ・同等のものとして認識されていない商品・サービスを同等のものであるかのように比較する ・主張する長所と不離一体の短所は明瞭に表示する

上記の他、他社（商品等）の信用失墜、人身攻撃とならないよう留意する

まとめ	☐ 適切な比較広告は一般消費者への情報提供の観点で有用 ☐ 比較広告が不当表示とならないためには、①客観的な実証、②正確・適正な引用、③比較方法の公正という3要件を満たす必要がある

食品制度と機能性の表示

● 保健機能食品の種類と機能性表示食品の表示

　保健機能食品とは、**特定の保健の目的が期待できる（健康の維持・増進に役立つ）機能性を表示できる食品**のことで、この機能性の表示をできる経口物は保健機能食品の他は医薬品等（P.84）のみです。食品表示法の「食品表示基準」では、保健機能食品として次の3種類が定められています。第1に「栄養機能食品」は、すでに科学的根拠が確認された栄養成分を一定の基準量を含む食品であれば届出なしに国が定めた文言で機能性を表示できるものです。第2に「特定保健用食品（トクホ）」は、有効性・安全性について国の審査を受け消費者庁長官の許可を得ることで機能性を表示するものです。

　第3に「機能性表示食品」は、安全性や機能性の根拠等を消費者庁長官に届出し、**事業者の責任で科学的根拠に基づいて届出た機能性を表示**するものです。特定の成分（**機能性関与成分**）が疾病に罹患していない者（未成年者・妊産婦・授乳婦を除く）の健康の維持・増進に役立つ効能効果を表示することができます。機能性表示食品は、事業者の責任により機能性を表示するものなので、事業者は表示に対応する合理的根拠資料（P.52-55）を保有する必要があり、**合理的根拠がない場合は優良誤認表示**となります（例えば、2023.6.30公表の措置命令）。また、**届け出た内容を超える表現（医薬品的な効能効果（P.84）の表示、届出外の成分の機能性を強調した表示等）をした場合も、優良誤認表示**となるおそれがあります。なお、消費者庁は、機能性の表示を行う上で科学的根拠として不適切な事例、表示の規制上問題となるおそれのある事例等を整理した指針を公表しています。

● 機能性表示食品が表示できる内容

①容易に測定可能な体調の指標（例えば、コレステロール値等）の維持・改善に役立つ旨
②身体の生理機能、組織機能の良好な維持に適する旨や改善に役立つ旨
③身体の状態を本人が自覚でき、一時的な体調の変化（継続的、慢性的でないもの）の改善に役立つ旨

● 機能性表示食品における表示の留意点

・届出内容や表示している内容に対応する合理的根拠資料を確認する（機能性表示食品＝合理的根拠資料があるとはみなされない）
・届け出た機能性関与成分以外の成分を強調することにより、あたかもその成分が機能性関与成分であるかのように誤認させる表示をしない
・医薬品的な効能効果の表示（疾病の治療効果・予防効果の暗示、健康の維持・増進の範囲を超えた健康の増強の標榜等）をしない
　（例）「糖尿病の人に」「高血圧の人に」「肉体改造」「増毛」「美白」等

| まとめ | □ 機能性表示食品をはじめとした保健機能食品は、健康の維持・増進に役立つという機能性を表示することができる食品である |
| | □ 機能性表示食品でも、表示に合理的根拠がない場合や届け出た内容を超える表示をした場合は優良誤認表示となるおそれがある |

商品の原産国・原料原産地の表示

◉ 原産国を表示する場合は景品表示法の適用がある

　景品表示法には、**原産国を表示する義務は定められていません**。ただし、**国名、地名、国旗などを使用する場合**には、**一般消費者に原産国を誤認させないようにする必要**があります。商品の原産国が一般消費者の認識と異なる場合には、景品表示法の**原産国告示違反**となり、また、実際の原産国よりも著しく優良だと一般消費者が誤認する場合は**優良誤認表示**（P.26）ともなる場合があります。

　なお、**販売する加工食品が輸入品であれば原産国を、輸入品でなくても原料の原産地を表示する義務**を規定する食品表示法など、**原産国や原料の原産地等の表示義務のある法律**もあります。このような義務付け表示によって行った商品の原産国・原料原産地の表示にも、景品表示法の適用があるので注意が必要です。

◉ 商品の原産国に関する不当表示（原産国告示）とは

　原産国以外の国名、地名、国旗、事業者名、デザイナー名等の記載や、**文字の主要部分が原産国以外の文字**の場合で、一般消費者が実際の原産国を判別できない表示は禁止されています（原産国告示）。例えば英国旗やスイス国旗が表示された国産品の場合、一般消費者が原産国は日本であるとわからない場合には不当表示となります。**原産国とは、商品の内容に実質的な変更をもたらす行為（実質的変更行為）が行われた国**のことです。例えば洋服では縫製が実質的変更行為で、包装や簡単な組立ては実質的変更行為には該当しないため、輸入品を日本で包装した場合の日本は原産国とはいえません。

● 不当表示となり得る原産国表示の例

Part
2
不
当
表
示
の
禁
止

【例】ラグジュアリー時計

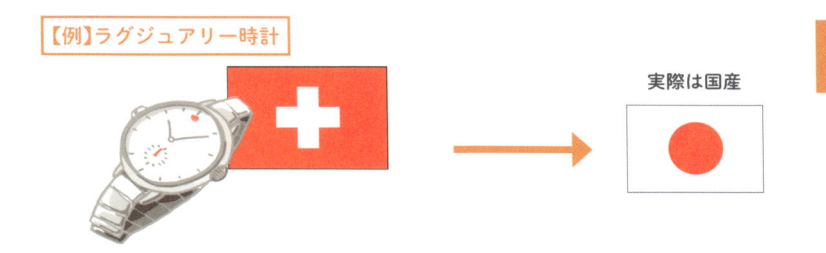

実際は国産

● 不当表示となり得る原料原産地表示の例

【例】チキン南蛮おにぎり

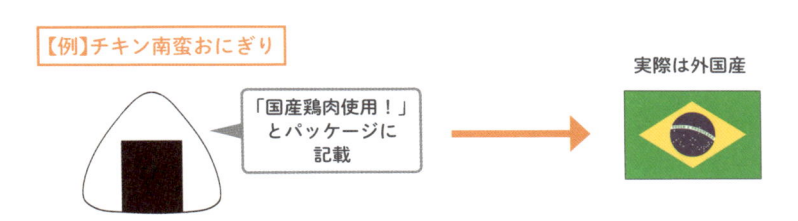

「国産鶏肉使用！」
とパッケージに
記載

実際は外国産

● 原産国は実質的変更行為がされた地域で判断

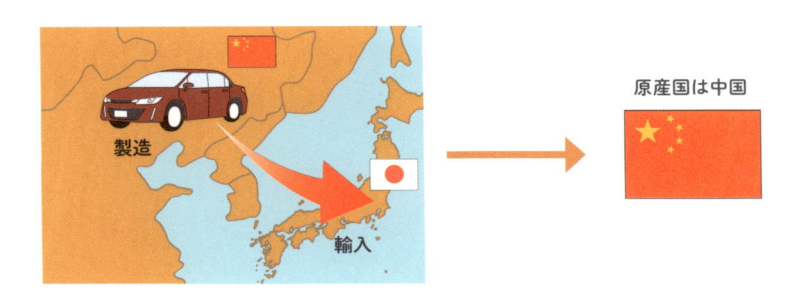

原産国は中国

まとめ	☐ 原産国以外の国名・国旗などの使用は、一般消費者が原産国を誤認しないようにする必要がある ☐ 一般消費者が原産国を誤認した場合には不当表示となる

価格表示

● 価格表示の考え方

　価格表示は、消費者にとって商品・サービスを選ぶ上で最も重要な情報である販売価格を知らせるものです。特定の商品・サービスの販売に際して販売価格が表示される場合、一般消費者は表示された販売価格で購入できると認識するものと考えられます。

　そのため、事業者は、販売価格に関する表示を行う場合には、**①販売価格、②当該価格が適用される商品・サービスの範囲（関連する商品、サービスが一体的に提供されているか否か等）、③当該価格が適用される顧客の条件について正確に表示する**必要があります。

　事業者が、これらの事項について実際と異なる表示を行ったり、あいまいな表示を行ったりした場合には、一般消費者に販売価格が実際よりも安いとの誤認を与え、**有利誤認表示**に該当するおそれがあります。上記の価格表示の考え方①・②・③は価格単独での表示だけでなく、二重価格表示（P.66）でも同様にあてはまります。

● 不当表示になり得る例

　例えば、**①実際の販売価格より安い価格を販売価格とする**場合、**②通常他の関連する商品・サービスと併せて一体的に販売されている商品・サービスについて、**これらの関連する商品・サービスの対価を別途請求することを明示しないで、**当該商品・サービスの販売価格のみを表示する**場合、**③表示された販売価格が適用される顧客が限定されていることを明示しないで、商品・サービスの販売価格のみを表示する**場合などは、有利誤認表示に該当するおそれがあります。

▶ 有利誤認表示になり得る例

例1

980円で
買えるのね！

広告

SALE!

特別価格
980円！！

実際は、有料の会員限定価格

例2

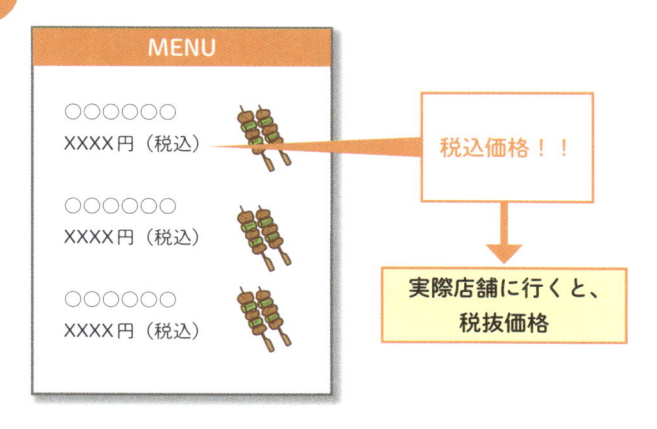

MENU

○○○○○○
XXXX円（税込）

○○○○○○
XXXX円（税込）

○○○○○○
XXXX円（税込）

税込価格！！

実際店舗に行くと、
税抜価格

まとめ	☐ 価格表示を行う場合には、販売価格や価格が適用される商品・サービスの範囲、価格が適用される条件について正確に表示しなければ不当表示となるおそれがある

二重価格表示

● 二重価格表示とは

　事業者が、自己の販売価格にその販売価格よりも高い他の価格を併記する表示を二重価格表示といいます。適正な二重価格表示は一般消費者に有益な情報を提供するものであり適法です。他方で、**販売価格の安さを強調するための比較対照価格の内容が適正な表示でない場合、一般消費者に販売価格が安いとの誤認を与え、有利誤認表示に該当するおそれがあります。**

● 過去／将来の販売価格を比較対照価格とする二重価格表示

　単に「通常価格●●円」と表示した場合、通常、一般消費者は当該価格が過去の販売価格、すなわち、同一の商品について**最近相当期間にわたって販売されていた価格（最近相当期間価格）**であると考えます。このため、この比較対照価格が**最近相当期間価格**でない場合には、有利誤認表示となる可能性があります。

　最近相当期間価格といえるのは、**①直近８週間のうち、商品を販売していた期間の過半の期間で用いられた価格であること、②当該価格で通算２週間以上販売していること、③当該価格の販売最終日から２週間以上経過していないこと**、という３つの要件を満たす場合です。なお、①についてはセール期間を通じて満たす必要があり、③についてはセール開始時に満たす必要があります。

　また、将来の販売価格を比較対照価格とする場合、実際には販売しない価格であるなど、十分な根拠のない将来の販売価格を比較対照価格に用いるときも有利誤認表示となる可能性があります。

● 最近相当期間で販売されていた価格の考え方フロー図

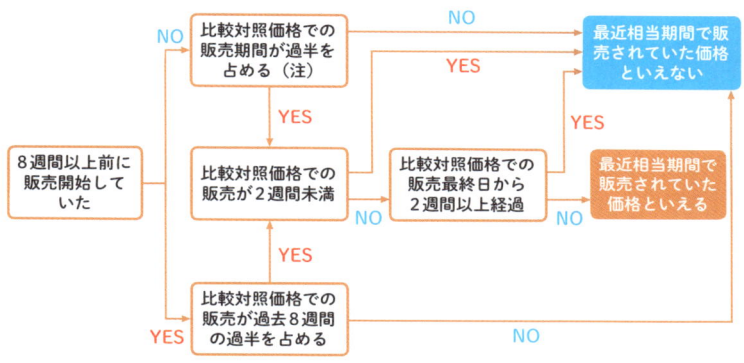

（注）8週間前より後に販売開始された場合は、販売期間で過半要件を判断する

● 二重価格表示が有利誤認表示となり得るその他の例

✓ 品質、規格等が同一ではない商品の価格を比較対照価格にする場合

✓ 製造業者等により設定され、あらかじめ公表されているとはいえない価格を、希望小売価格として比較対照価格にする場合

✓ 他の事業者の最近時の販売価格とはいえない価格を比較対照価格にする場合

✓ 条件等の異なる他の顧客向けの販売価格を比較対照価格にする場合

✓ 適用対象、条件等が限定されていることを示さずに通常価格等からの割引率または割引額を用いて価格表示を行う場合

✓ 任意に設定した価格を算出基礎として割引率等の表示を行う場合

まとめ	☐ 比較対照価格に根拠がない場合、一般消費者に販売価格が安いとの誤認を与え、有利誤認表示に該当するおそれがある ☐ 二重価格表示の比較対照価格となるものには、過去の価格・将来の価格・希望小売価格などさまざまなものがある

キャンペーン表示①
―表示と設計の注意点―

● キャンペーン表示のリスクと管理

キャンペーン表示とは、商品・サービスの販売期間や店舗等を限定した上で、通常よりもお得（例：限定商品、価格の割引やポイント付与等）であることを訴求する表示です。販促の王道ですが、実際と異なる表示であった場合、有利誤認表示やおとり広告等として**景品表示法違反となるおそれ**があります。このため、適切なキャンペーンを実施するため、**表示された期間を通じて実施できるキャンペーン設計とした上で、キャンペーン期間経過後に同様・同種のものを行わないなどの管理**を行う必要があります。

● キャンペーン設計の際の留意点

キャンペーンは、例えば短い動画広告等でも一般消費者に誤解を生じさせないような、**わかりやすい内容**にすべきです。設計の際には、キャンペーンの始期と終期、参加条件の設定、提供する経済上の利益の価額、抽選であれば当選しない条件など事前に十分な検討が重要です。連続してキャンペーンを実施する場合、一般消費者にキャンペーンの繰返しと認識されないか、表示を含めて管理する必要もあります。キャンペーン対象の商品・サービスの受注予測を正確に行い、キャンペーン期間を通じて実施できるだけの在庫を確保しなければなりません。例えば、「○○産」といった希少な食材を提供する場合、キャンペーン期間中安定的に調達できるかは、今一度確認しておく必要があります。

● キャンペーン表示に関する近年の主な措置命令

類型	表示	実際	日付
期間限定表示（P.70）	「今ならアプリ・Webで会員登録すれば4,600円OFF」「iQOSキット メーカー希望小売価格9,980円（税込）▼5,380円（税込）」「会員登録キャンペーン期間：2015/10/31まで」等と表示	期間後も値引きが行われた	2019.6.21
	「限定5/10（月）23:59まで ケア4点セット13,728円相当プレゼント＋最大1,000ポイント進呈」等と表示	期間後も「プレゼント」や「最大1,000ポイント」を提供していた	2022.3.15
対象者を限定する表示	キャンペーン購入対象者を「毎月先着300名様限定」等と表示	対象者は毎月300名を著しく超過していた	2018.10.31
物品提供企画	「現金1万円 30名」等が当選する懸賞企画について、「なお、プレゼントの当選者は、賞品の発送をもって発表にかえさせていただきます。」等と表示	応募締切日から発送日までの期間は1428日等だった	2021.3.24
おとり広告（P.72）	「新物！濃厚うに包み100円（税込110円）9月8日（水）〜9月20日（月・祝）まで！売切御免！」等と表示	実際には特定店舗で特定期間には表示どおりの料理を提供しなかった	2022.6.9

まとめ	☐ キャンペーンは表示どおりに実施されなければ、有利誤認表示やおとり広告等として景品表示法違反になるおそれがある ☐ キャンペーンは実施が可能かつ複雑でない内容で企画する

キャンペーン表示②
―期間限定表示―

● キャンペーン期間経過後の同種・類似キャンペーン実施は問題

　期間限定表示とは、**キャンペーン期間を限定して割引等の利益が受けられる等、お得であることを訴求する表示**のことです。

　期間限定と表示しているにもかかわらず、キャンペーン期間を延長または繰返したり、類似のキャンペーンを実施した場合には、**有利誤認表示に該当するおそれ**があります。一般消費者は、期間限定表示を見て、「期間中に買わなければ得にならない」と認識したのに、実際にはお得である期間が延びたということであれば、当初のキャンペーン期間中に誘引されなかった可能性があるためです。

● 期間限定キャンペーンは計画的な実施が必要

　期間限定表示が有利誤認表示に該当するとして、2016年以降、**年間複数件の措置命令**が行われるケースが多くなっています。例えば、加熱式タバコの機器の割引を期間限定で実施すると表示したのに、実際には同様または類似のキャンペーンを繰り返した事業者に有利誤認表示が認定され、**当時最高額の約5.5億円の課徴金納付命令**が行われています。なお、ダークパターン（P.82）の一類型である、カウントダウンタイマー等を用いて一般消費者に購入を焦らせる表示が実態と異なった事案について、行政指導が行われています。

　キャンペーンが好評なら延長すればいいと安易に考えず、**計画的な実施**が必要です。適切にインターバルを設けたり、キャンペーン予定を事前に明示したり、割引キャンペーンの後は抽選で物品を提供する等、後で買えばよかったと認識されないことが重要です。

● 期間限定表示の顧客誘引力

期間中に買わなければ得にならないと認識させる

● 期間限定キャンペーンが有利誤認表示とならないために

- ・不当に一般消費者を焦らせる表示を行わない
- ・期間限定キャンペーンが好評でも安易に延長しない
  - ▶ キャンペーン終了後は適切なインターバル期間の設定
  - ▶ 値引きの後は抽選にする等、異なるキャンペーンの実施
- ・期間限定キャンペーンは表示した以上は実施する
  - ▶ 在庫切れと同時に終了するキャンペーンは、終了の場合、終了の旨を表示

まとめ	☐ 期間限定表示は期間経過後も実施する場合、有利誤認表示になるおそれがある ☐ 期間限定のキャンペーンは計画的な実施が必要である

キャンペーン表示③
―おとり広告―

● おとり広告とは

　おとり広告とは、**商品・サービスが実際には購入できないにもかかわらず、購入できるかのような認識を一般消費者に与えるおそれのある不当表示**です。

　告示「おとり広告に関する表示」（以下「おとり広告告示」）では、**4つの類型**が定められています（右表）。例えば、複数店舗で販売する旨を広告していたが、ある店舗で広告商品を取り扱わなかった場合は取引不可類型（1号）に、キャンペーンで提供すると表示した料理について、在庫切れの発生を回避するため、期間中に販売を行わなかった場合は、大手回転寿司フランチャイズチェーンで問題となったように、取引拒否類型（4号）に該当し得ます。

● おとり広告とならないために

　商品役務の供給量が著しく限定されている商品・サービスのキャンペーンを実施する場合（販売数量が予想購買数量の半数に満たない場合）、一日あたりの供給量や供給対象等の条件を（店舗によって異なる場合は店舗ごとに）明示した上で、**供給量を下回らない調達**を行う必要があります。在庫切れによって終了するキャンペーンでは、**在庫切れ時にキャンペーンが終了した旨の明示**が必要です。

　期間限定キャンペーンを実施するには、**店舗ごとに事前に正確な需要予測に基づく調達**を行うことが必要です。キャンペーン実施中も、需要予測と実績を照合し、在庫の残数が確認できるように本部と各店舗とが情報共有し、**在庫の管理**を行わなければなりません。

◉ おとり広告

夏の味覚
豪華◎◎づくし

◎◎は現在提供していません。
他の商品でいかがですか

来店 →

実際には商品・サービスが購入できない

◉ おとり広告4類型

類型	おとり広告 告示の規定	問題となった主な表示
取引不可	1号	数量不足や品揃え不足により取引を行うための準備がなされておらず、取引に応じられない場合
供給量限定	2号	供給量が著しく限定※されているにもかかわらず、限定内容を明瞭に示していない場合 ※「著しく限定」とは、広告する商品・サービスの販売数量が予想購買数量の半数にも満たない場合をいう
取引条件限定	3号	一人あたりの供給量等、取引条件に制限があるのに、その制限を明瞭に記載されていない場合
取引拒否	4号	合理的理由がないのに取引の成立を妨げたり、取引をする意思がない場合

まとめ	□ おとり広告は入手可能性に関する不当表示であり、4つの類型がある □ おとり広告とならないようにキャンペーンの実施計画・実施体制を管理する必要がある

ステルスマーケティング①
―総論―

● ステルスマーケティングとは

ステルスマーケティング（ステマ）とは、広告主が自らの広告であることを隠したまま行う広告です。近年、消費者取引は急速にデジタル化し、アフィリエイト広告やSNSを用いた広告手法が多様化したことで、消費者がステマに接する機会が増えました。

広告は、通常、商品・サービスを販売するために行うものであり、その内容には一定程度の誇張が含まれることを、消費者も考慮に入れて商品・サービスを選択します。しかし、ステマは、消費者が広告であると認識できません。このため、**ステマを見た消費者において、広告には一定程度の誇張・誇大が含まれるという経験則が働かず、広告内容をそのまま捉えてしまい、消費者の商品・サービスの選択に影響を与えます。**

● ステマ規制の概要

ステマは、2023年10月、告示で指定され景品表示法の不当表示規制の対象となりました。ステマ規制の対象となる表示は、**①事業者が自己の供給する商品・サービスの取引について行う表示であって、②一般消費者が当該表示であることを判別することが困難であると認められるもの**です。

消費者庁長官は、2024年6月、医療法人がワクチン費用を減額することを条件に、地図サービス上の口コミ投稿欄に、★5、★4の高評価の口コミを「広告」等の表示なしで投稿させたとして、この医療法人にステマ規制に基づき初の措置命令をしています。

● ステマ規制の要件

> 第1要件：事業者が自己の供給する商品・サービスの取引について
> 　　　　　行う表示
> 第2要件：一般消費者が当該表示であることを判別することが困難
> 　　　　　であると認められるもの

通常の広告

これは広告だから
都合の良いこと
言うよね

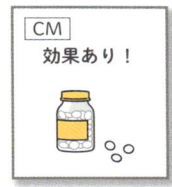

CM
効果あり！

ステマ広告

インフルエンサー

企業

金銭等の交付
広告投稿依頼

投稿

SNS広告

有名な人がオスス
メと言っているか
ら買ってみよう！

私がオススメする
ダイエットサプリは
コレ！！

#ダイエット　#サプリメント

まとめ
☐ ステマ規制に違反しないためには、ステマ規制の要件の理解が重要である
☐ ステマ規制は執行事例が出始めており、事業者は、ステマを行わない表示管理体制を構築することが重要である

ステルスマーケティング②
―事業者の表示とは―

● 事業者が自己の供給する商品・サービスの取引について行う表示

　ステマ規制の第1要件（P.74①）である事業者の表示にあたるか否かは、個別具体事案に応じ、表示内容に関する依頼・指示の有無、表示内容に関する情報のやりとり、表示の対価の有無など、**客観的に事業者が表示内容の決定に関与したか否かで判断します。**一方で、**客観的な状況に基づき、第三者の自主的な意思による表示内容となっている場合は事業者の表示にはあたりません。**

　例えば、❶事業者が自ら表示しているにもかかわらず第三者が表示しているように誤認させる場合、❷商品・サービスの販売を促進することが必要とされる立場にある役職員が当該商品・サービスの販売を促進するために表示する場合、❸事業者が第三者に特定の表示内容の表示をするように依頼する場合、❹依頼をせずとも、客観的な状況に基づき、事業者と第三者との間に第三者の自主的な意思による表示内容とは認められない関係性がある場合などは第1要件を満たすと考えられます。

● 事業者に求められる対応

　社内で第三者への広告物の作成・委託のフローや規程を整理し、どのような場合に、第1要件を満たすか社内に周知する必要があります。ただし、**現実的には、第1要件の判断は個別事案に応じて行う必要があるため、営業現場が悩まないよう、広めに事業者の表示として扱うという例も多い**ようです。この場合、表示物に「広告」「PR」など表示してステマを防止することとなります。

● 事業者の表示となる例

- ・事業者が自ら表示しているが、第三者の表示のように偽る場合
- ・事業者が第三者に対してSNSや口コミサイトに自らの商品・サービスに係る表示をさせる場合
- ・事業者がアフィリエイトプログラムを用いて、アフィリエイターに委託し、自らの商品・サービスについて表示させる場合
- ・事業者が他の事業者に依頼し、プラットフォーム上の口コミ投稿を通じて、自らの競合事業者の商品・サービスについて、自らの商品・サービスと比較した、低い評価を表示させる場合

● 事業者の表示とならない例

- ・第三者がSNSに商品の投稿を自主的に行った場合
- ・ECサイトで自主的にレビューした場合
- ・第三者が取引デジタルプラットフォームのアフィリエイトリンクを使って、事業者と一切の表示内容に関するやりとりをすることなく、任意に自らのブログで書評を書いた場合
- ・ECサイトでの購買後、サンキューメールで口コミを書いた場合には値引きクーポンをプレゼントするが、記載内容について指示がない場合
- ・不特定多数に試供品を配り、試供品を受けた人が任意に商品のレビューの投稿をした場合
- ・キャンペーンに応募するために自主的にSNSに投稿する場合

まとめ	□ 第1要件にあたるかの判断は、事業者が表示内容の決定に関与したか否かで判断される

ステルスマーケティング③
—事業者の表示の明示—

● 一般消費者が事業者の表示であることの判別が困難であるか

　事業者がステマ規制に抵触しないためには、事業者の表示であると判別できることが必要です（第2要件 P.74②）。第2要件にあたるか否かは、**一般消費者の立場からみて、表示内容全体から第三者の表示であると誤認されないかという観点から判断**します。この際、右の表のとおり、**表示内容・表示方法の双方の観点を持って判断すると理解しやすい**と考えられます。一般消費者に誤認される場合は事業者の表示と判別が困難であり、第2要件を満たします。

　例えば、「広告」「PR」といった記載があるなど、広告であることを一般消費者が明瞭に認識できる場合は第2要件に該当しません。また、**「広告」等の表示がなくても、社会通念上、表示全体から広告であることが明らかである場合、第2要件に該当しません**。例えばテレビCM、観光大使による表示など、一般消費者にとって事業者の表示であることが明らかなものは第2要件にあたりません。

● 事業者に求められる対応

　表示物が第1要件（P.76）に該当する場合、当該表示物が一般消費者の目線で事業者の表示と認識できるかを確認する必要があります。例えば、SNSによってはプロモーションタグ機能が存在する場合がありますが、その機能によるプロモーション表示が背景と同化して事業者の表示であることが明瞭でない例なども散見されます。そのため、事業者は、事業者の表示であることの明示方法について、ステマ規制を踏まえたルールを策定し、運用していくことが重要です。

◯ 事業者の表示と認識できる内容か

OK例	NG例
・「広告」「宣伝」「プロモーション」「PR」等の表示を明瞭に行う場合 ・「Ａ社から商品の提供を受けて投稿している」との表示 ・テレビCMなど広告と番組が切り離されている表示 ・事業者の名称を映画等のエンドロール等を通じて表示を行う場合 ・自社サイト・SNS ・観光大使など社会的な立場・職業等から、広告であることが明らかな場合	・事業者の表示であることが全く記載されていない ・アフィリエイト広告であるが、広告であると記載がない ・動画の中で冒頭以外などの箇所や、短い時間で広告表示をする ・「広告」を小さく表示して識別し難い場合 ・「広告」を末尾に表示して識別し難い場合 ・＃PRを大量のハッシュタグに紛れ込ます

◯ 事業者の表示と認識できる方法か

✓文字の大きさは十分か・文字数が多すぎないか

✓認識しやすい場所に配置されているか

✓文字の色、背景の色や模様との同化などから認識しづらくなっていないか

✓他の画像等に注意が引きつけられないか

✓多数の文字・記号に埋もれていないか

✓（動画の場合）表示時間や文字数は適切か

✓（動画の場合）音声による表示も行う必要はないか

まとめ	☐ 第2要件にあたるか否かは、表示内容全体から第三者の表示であると一般消費者に誤認されないかどうかという観点が重要であり、事業者の表示であることの明示方法について、社内でのルール策定・運用が必要である

アフィリエイト広告

● アフィリエイト広告とその課題

　アフィリエイト広告は、成果報酬制のインターネット広告の手法です。アフィリエイターとは、実際に広告主（販売者）の商品・サービスを自身のSNS等で紹介し、成果報酬を得る者のことをいいます。**アフィリエイト広告は、アフィリエイターが成果報酬を得るために、より訴求力のある広告を一般消費者に行おうとして誇大な表示を行うおそれがあります。**加えて、仲介業者であるASP（アフィリエイト・サービス・プロバイダー）が介在することが多く、広告主がアフィリエイターと直接の契約関係がない場合もあり、管理監督が難しいことがあります。そこで、**広告主がアフィリエイト広告を利用する場合には、景品表示法違反とならないよう適切な管理が必要となります。**

● アフィリエイト広告を管理するポイント

　広告主は、**アフィリエイター向けの景品表示法ガイドラインやチェックリストを定め、アフィリエイターに遵守させる**ことが考えられます。また、広告主は、**アフィリエイト広告の委託にあたって、委託する表示内容を明確に特定し、委託した以外の表示は行わないようにアフィリエイターに求めること**も重要です。そして、委託したアフィリエイト広告に景品表示法上の問題がないか事前・事後の確認を行うとともに、**消費者から苦情があった場合には、直ちにアフィリエイターに修正・削除を求める体制を整備する必要があります。**さらに、問題を起こしたアフィリエイターは今後起用しないなどの社内指針を策定し、実施することも有益な方法です。

● アフィリエイト広告とは

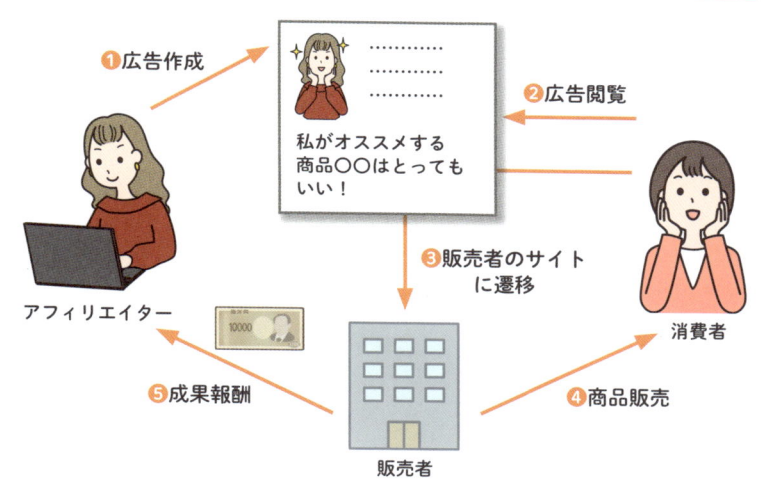

❶広告作成

私がオススメする
商品〇〇はとっても
いい！

❷広告閲覧

**❸販売者のサイト
に遷移**

アフィリエイター

10000

❺成果報酬

❹商品販売

消費者

販売者

● アフィリエイト広告の管理監督方法の例

✓広告内容に係るガイドラインの策定

✓委託先審査基準／委託先ブラックリストの作成

✓アフィリエイト広告の定期パトロールの実施

✓アフィリエイト広告に係る消費者の苦情の有無の確認

✓ASP にアフィリエイターの監督義務を課す契約締結

✓ASP 経由での広告の削除依頼

✓広告の削除依頼に従わない場合、その広告のアフィリエイトタグを
　外す・契約を解除

まとめ

☐ 広告主はアフィリエイト広告を用いるにあたっては自らの広
告として厳格に管理する必要がある

☐ 広告主はガイドラインの策定等のアフィリエイト広告の管理
監督方法を検討するべきである

ダークパターン

● ダークパターンとは

　ダークパターンとは、法律上、明確な定義はありませんが、一般的に**消費者を騙し、不利益になる方向に導くように設計・構築されたウェブデザイン**を指すとされます。

　ダークパターンには、右図のとおりさまざまな類型があり、中には複数の類型を組み込んで使用されることもあります。例えば、「解約が容易」といった訴求を行わず、単に解約の方法を煩雑にし、消費者を取引から抜け出せないようにする手法は「妨害」類型にあたります。契約しやすく、解約しづらい点をとらえて "Roach Motel"（ゴキブリホイホイ）などとも呼ばれています。

● ダークパターンへの規制

　日本の法律に抵触する**ダークパターンは規制対象となります。**例えば、右図の「社会的証明」の一類型であるステマ（P.74-79）は景品表示法によって、「こっそり」のうち詐欺的な定期購入は特定商取引法によって所要の規制がされています。

　一方、上記Roach Motelなど既存の法律で一律に規制されていない手法もあります。現状法律で取り締まることはできないダークパターン類型も、**一般消費者に意図しない取引をさせている点で不適切な広告手法となっている可能性があります。**そのため、事業者は、ダークパターンを取り締まる各法律を理解することはもちろん、**消費者や株主などのステークホルダーの目線で、不適切な広告手法となっていないかという視点を持つことが重要**です。

● ダークパターンの目的と課題

> 目的：購入・会員登録・クリックなどのKPIの増加
> 課題：消費者が意図しない購入などが行われるため法令違反となる
> 　　　場合がある。法令違反でない場合でも事業者に対する評判の低
> 　　　下など中長期的に損失となることがある

● ダークパターンの主な類型

類型	内容
強制 Forced action	ユーザー登録や個人情報の開示を強要するものなど
インターフェース干渉 Interface interference	事業者に都合のよい選択肢をあらかじめ選択している場合や、視覚的に目立たせているものなど
繰り返し Nagging	位置情報の取得など事業者に都合のよい設定に変えるように何度も消費者に要求するものなど
妨害 Obstruction	解約やプライバシーに配慮した設定に戻すことを妨害するものなど
こっそり Sneaking	取引後、消費者が気付かないうちに手数料を追加する場合や、お試し期間後に自動で定期購入に移行するものなど
社会的証明 Social proof	「現在●人が見ています」など、他の消費者の行動を通知するものなど
緊急性 Urgency	カウントダウンタイマーなどを用いて消費者を焦らせるようなものなど

まとめ	☐ ダークパターンにはさまざまな類型があり、日々進化している ☐ ダークパターンは違法な類型でなくとも不適切な広告手法である可能性があり、ステークホルダーの目線でチェックが必要

ヘルスケア広告を行う場合には薬機法にも注意が必要

　健康、美容、医療などの訴求を行うヘルスケア分野では、景品表示法の他に薬機法の広告規制への対応も重要です。薬機法は、①医薬品等（医薬部外品・化粧品・医療機器を含む）の誇大広告を禁止し、②未承認の医薬品等について、医薬品・医療機器であるかのような広告をすることを禁止しています（66条・68条）。

　①に関し、厚生労働省の医薬品等適正広告基準では、医薬品等について承認を受けた効能効果を超えた広告を禁止しています。例えば、シミ・そばかす防止効果の承認のみ受けている場合に、皮膚の若返り効果があるかのような表示にする場合は誇大広告にあたります。また、化粧品については、広告可能な効能効果は56の区分（例えば、肌荒れを防ぐ・乾燥による小ジワを目立たなくする等）に限定されています。加えて、医薬品等の製造方法、成分・原材料、用法用量等に関して事実に反する認識をさせるおそれのある広告、効能効果や安全性についてそれが確実であると保証するような広告や、効能効果や安全性が最大級であるかのように表現する広告等も禁止されています。

　②に関し、（a）疾病の治療・予防を目的とする効能効果（高血圧の解消・便秘改善等）の表示、（b）身体の組織機能の一般的増強・増進を主な目的とする効能効果（疲労回復・肉体増強等）の表示、（c）名称、キャッチフレーズ、含有成分、製法、期限、由来、記事、談話、学説、経験談等を引用・掲載することによる医薬品的な効能効果の暗示（不老長寿等）は、医薬品・医療機器的な効能効果の標ぼうとみなされます。①②の違反には刑事罰の規定もあり、実際に逮捕者も出ているため、特に注意が必要です。

Part

3

景品類の制限及び禁止

景品規制の全体像

● 景品規制の概要

　商品・サービスの購入を促すために提供する景品類の額が、商品・サービスに比べて過大であったり、提供方法が射倖心を煽るものであったりした場合、一般消費者は景品類を目当てとした購買を行いかねません。景品表示法は、このような不当な景品類の提供を制限または禁止しています。

　景品規制は、規制のフレームワークを理解することが重要です。まず、①**景品表示法上の景品類に該当するか**を検討し、②**提供方法**を確認した後に、③**提供方法に応じて提供可能な限度額**を判断します。①に該当しなければ、景品規制の適用はありません。②景品類の提供方法は、条件をみたす一般消費者全員に提供する**総付**と、抽選などの偶然性や行為の優劣などにより提供する**懸賞**があり、③**方法に応じて提供可能な経済上の利益の価額の上限**（P.94）**が異なります**。景品規制の全体像は右ページのフローチャートのとおりです。

● 景品規制に違反した場合

　景品規制に違反した場合は、措置命令・行政指導を受ける可能性があります。最近、都道府県知事が措置命令を複数件行っています。違反した場合の措置が行政指導にとどまる場合であっても、例えば、2012年のコンプガチャの事例（P.98）では、指導を受けたオンラインゲーム会社は株価がストップ安となりました。また、景品規制の提供可能額の上限は明瞭であるため、景品規制違反として競合に通報されるケースも多くあり、景品規制の遵守が求められます。

● 景品規制チェックポイント

❶「景品類」該当性	✓景品類の要件を満たすか →取引付随性があるか →提供するものは経済上の利益か →値引に該当するか
❷提供方法	✓総付か懸賞か
❸限度額	✓取引の価額はいくらか →景品類の価額はいくらか →景品類の価額は景品規制の範囲内に収まっているか

● 景品規制のフローチャート

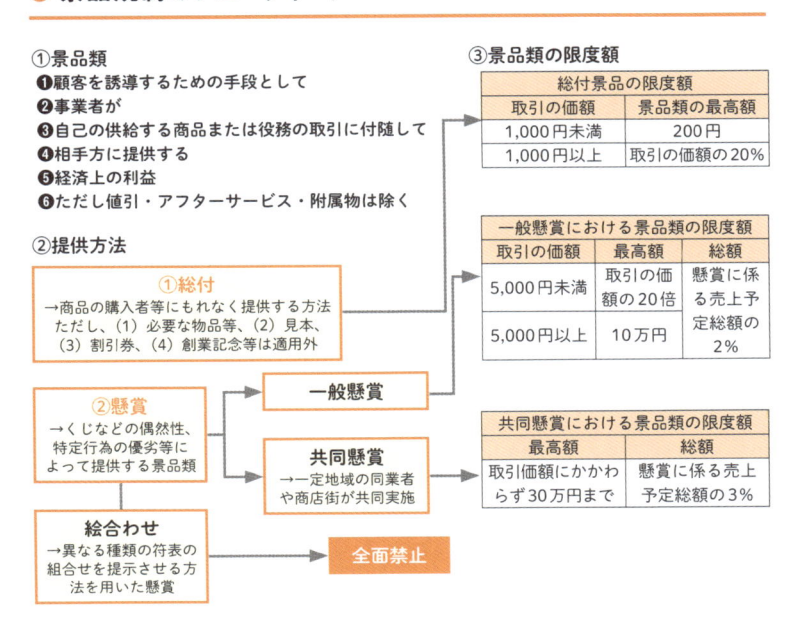

①景品類
❶顧客を誘導するための手段として
❷事業者が
❸自己の供給する商品または役務の取引に付随して
❹相手方に提供する
❺経済上の利益
❻ただし値引・アフターサービス・附属物は除く

②提供方法

①総付
→商品の購入者等にもれなく提供する方法
ただし、(1) 必要な物品等、(2) 見本、
(3) 割引券、(4) 創業記念等は適用外

②懸賞
→くじなどの偶然性、特定行為の優劣等によって提供する景品類

→ 一般懸賞

→ **共同懸賞**
→一定地域の同業者や商店街が共同実施

絵合わせ
→異なる種類の符表の組合せを提示させる方法を用いた懸賞

→ **全面禁止**

③景品類の限度額

総付景品の限度額	
取引の価額	景品類の最高額
1,000円未満	200円
1,000円以上	取引の価額の20%

一般懸賞における景品類の限度額		
取引の価額	最高額	総額
5,000円未満	取引の価額の20倍	懸賞に係る売上予定総額の2%
5,000円以上	10万円	

共同懸賞における景品類の限度額	
最高額	総額
取引価額にかかわらず30万円まで	懸賞に係る売上予定総額の3%

まとめ	☐ 景品規制では不当な景品類の提供が禁じられている ☐ 景品類の提供方法には総付と懸賞があり、それぞれ提供可能額には上限がある(「絵合わせ」(P.98)は全面禁止)

景品類の定義①
顧客誘引性

● 景品規制の対象となるのは「景品類」である

　景品表示法は、提供方法が懸賞（P.96）による場合と総付（P.100）による場合を区別し、事業者が「景品類」を提供する場合の最高額等について規制をしています（P.86）。一般に、景品とは、粗品、おまけ、賞品等を指すと考えられていますが、景品表示法が規制するのは「景品類」であり、具体的には下記要件に従って判断されます。

　景品類とは、**①顧客を誘引するための手段として、②事業者が自己の供給する商品・サービスに付随して提供する（取引付随性）**（P.90）、**③物品、金銭その他の経済上の利益**（P.92）をいいます。なお、正常な商慣習に照らして値引やアフターサービスと認められるものなどについては、景品類にはあたらないとされています（P.106,110）。

● 「顧客を誘引するための手段」とは

　この要件は、客観的に顧客を誘引するための手段となっているかにより判断され、提供者の主観的意図やその企画の名目は問題となりません。自己の供給する商品の容器の回収促進のためや、自己の供給する商品に関する市場調査のアンケート用紙の回収促進のための金品の提供であっても「顧客を誘引するための手段として」の提供と認められることがあります。また、新たな顧客の誘引に限らず、取引の継続や取引量の増大を誘引するための手段も含まれます。なお、過去の取引実績に対して経済上の利益を提供する場合であっても、今後同種の企画が行われることを期待して将来の取引を誘引するものは、「顧客を誘引する手段」の要件を満たします。

● 景品類の定義

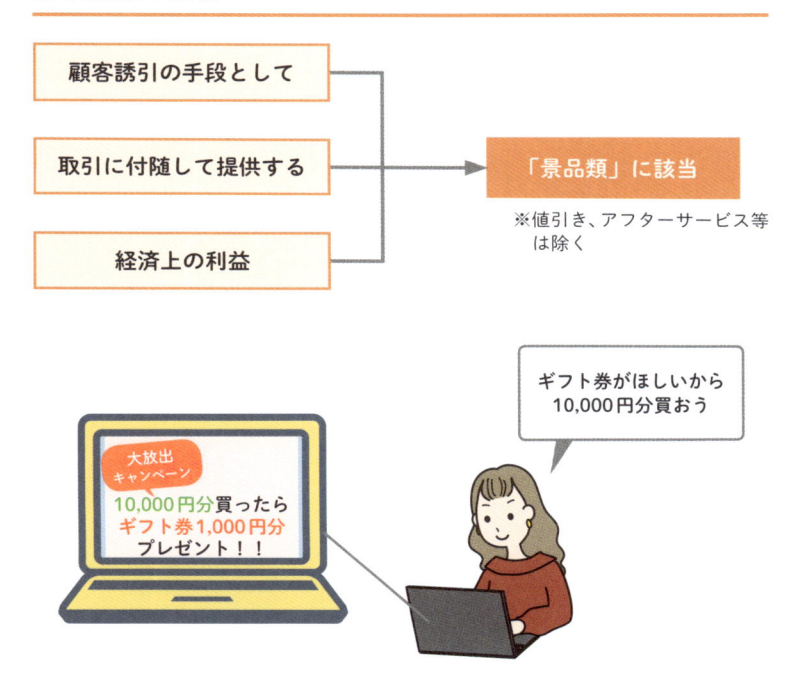

| 顧客誘引の手段として |
| 取引に付随して提供する | → | 「景品類」に該当 |
| 経済上の利益 |

※値引き、アフターサービス等は除く

ギフト券がほしいから
10,000円分買おう

大放出
キャンペーン
10,000円分買ったら
ギフト券1,000円分
プレゼント！！

【環境保全を意図した企画の注意点】

SDGsのために商品の容器を店舗に持参したら経済上の利益を提供するという場合でも、来店を誘引しているため、通常「顧客を誘引するための手段」といえる

| まとめ | ☐ 景品類の要件を満たすものが景品規制の対象となる |
| | ☐ 顧客誘引性は客観的に判断し、提供者の主観的意図やその企画の名目は問わない |

景品類の定義②
取引付随性

● 取引付随性とは

　「景品類」該当性の検討において、提供される経済上の利益が②**自己の供給する商品・サービスに付随して提供する（取引付随性）**かはよく問題となります。取引付随性は、**経済上の利益の提供が一般消費者の商品・サービス購入を直接働きかける場合に認められます。**商品の購入を条件としておまけを付けるように、**取引を行うことを条件として他の経済上の利益を提供する場合**には、取引と経済上の利益の提供が直結しており、**取引付随性が認められます。**また、**取引を条件としなくても取引の相手方を主たる対象として行われる場合、取引付随性がある**と考えられています。例えば、商品の容器包装に経済上の利益を提供する企画を告知している場合、商品を購入することで経済上の利益提供を受けることが可能・容易になる場合、来店した入店者に経済上の利益を提供する場合などが該当します。なお、提供する経済上の利益が取引の本来の内容として提供される商品・サービスやセット販売などは取引付随性がありません。

● 直接取引を行っていない事業者が提供する経済上の利益

　Ａ事業者の店舗への入店者に対し、Ｂ事業者が経済上の利益の提供を行う場合、ＡとＢは協賛等の協力関係にあって共同して経済上の利益を提供していたり、ＡがＢをして経済上の利益を提供させている場合には、Ａ事業者の店舗の「取引に付随」する提供にあたると考えられています。同様のことは、プラットフォーマーによる景品企画と当該プラットフォーム利用事業者との関係でも検討事項となります。

● 取引付随性の有無

取引付随性がある場合

✓ 有償取引を条件とする場合
✓ 取引をした方が応募条件において容易・有利である場合
✓ 店舗への来店を条件とする場合
✓ 取引の勧誘に金品等を供与する場合

取引付随性がない場合

✓ 取引の本来的内容である場合
✓ セット販売である場合
✓ 紹介キャンペーンで紹介者に経済上の利益を提供する場合（ただし、商品を購入した紹介者に限る場合を除く）
✓ いわゆるオープン企画（P.108）

具体例

・商品の包装にクイズの正解者にプレゼントをする企画の応募内容を記載する
・広告でクイズを出題し、正解者の中から抽選でプレゼントをする企画であるが、クイズの内容が商品を購入しなければ回答がわからないものである場合や、商品の購入者にだけ回答のヒントがわかる場合
・抽選でプレゼントをする企画で、当選者に対するプレゼントの引渡しを店頭や店舗の駐車場で実施する

経済上の利益

経済上の利益で消費者に購入を直接働きかけていれば、取引付随性がある

消費者　　　　　事業者

まとめ	□ 景品類となる要件には取引付随性がある □ 取引付随性は、取引を条件としたものだけでなく、取引に関連するものであっても認められることがある

景品類の定義③
経済上の利益

▶ 経済上の利益とは

　「景品類」に該当するためには、提供されるものが**物品、金銭その他の経済上の利益**にあたる必要があります。「経済上の利益」は告示で具体化されており、①物品及び土地、建物その他の工作物、②金銭、金券、預金証書、当せん金附証票及び公社債、株券、商品券その他の有価証券、③きょう応（映画、演劇、スポーツ、旅行その他の催物等への招待又は優待を含む）、④便益、労務その他の役務、が指定されています。④「その他の役務」が含まれるため、「経済上の利益」はとても広い概念です。**通常、経済的対価を支払って取得するものは広く「経済上の利益」にあたります**。事業者にとっては特別な出費なく提供できるものや、市販されていないものであっても、**一般消費者からみて通常対価を支払って入手するものといえる場合には「経済上の利益」にあたります**。商品・サービスを通常よりも安く購入できる場合も、「経済上の利益」にあたります。

▶ 「経済上の利益」に該当しない場合

　表彰状やバッジ、トロフィー等の相手の名誉を表するものは、**通常、何らかの対価と引き換えに得られるものではないため、経済上の利益にあたりません**。経済上の利益の提供であっても、**仕事に対して、相応の報酬を支払うような場合は景品類の提供にあたりません**。ただし、簡単なアンケートに答えただけで過大な報酬を提供するような場合、回答者から抽選で経済上の利益を提供する場合は、相応の報酬とはいえず、景品類の提供に該当する可能性があります。

● 経済上の利益に該当するもの

定義告示	具体例
①物品及び土地、建物その他の工作物	・品物
②金銭、金券、預金証書、当せん金附証票及び公社債、株券、商品券その他の有価証券	・クオカード ・宝くじ
③きょう応（映画、演劇、スポーツ、旅行その他の催物等への招待又は優待を含む）	・テーマパークのチケット
④便益、労務その他の役務	・マッサージ店の利用権 ・コンサルタントへの相談 ・情報提供（情報をわかりやすくまとめたウェブサイトを閲覧できるなど）

● 仕事の報酬として景品類の提供にあたらない例

1	事業者がモニターを募集し、選んだモニターに対して相応の金品を提供する
2	eスポーツ大会で、プロやプロに準じた参加者へ賞金を提供する
3	資格試験予備校が、資格試験の合格者に対して資格試験の合格体験記の作成を依頼し、その合格体験記を買い取る際に対価を支払う

【購入できる権利を提供する場合の経済上の利益該当性】

> 商品Ａを購入すると抽選で商品Ｂを購入できる権利を手に入れられる企画を行った場合、通常、商品を購入できる権利は経済的対価を支払って取得するものではないため、経済上の利益にあたらない。ただし、商品Ｂが非常に入手困難であり、購入する権利自体に経済的価値があるといえる場合には、購入する権利であっても経済上の利益が認められる。

まとめ	☐ 経済上の利益は、通常、一般消費者からみて、経済的対価を支払って取得するといえる場合に認められ、広範である

景品類の提供方法
―総付と懸賞―

● 提供方法に応じて景品類の提供額の上限が定められている

取引の相手方に提供する経済上の利益が景品類に該当する場合、その提供方法により、経済上の利益の提供額に上限が定められています。景品表示法では、景品類の提供方法は大きく2つに分類されます。**くじ等の偶然性や特定の行為の優劣などによって提供する方法**である懸賞（P.96）と、**懸賞によらないで一般消費者に提供する方法で総付と呼ばれているもの**（P.100）です。懸賞は、個々の景品類の最高額のみならず、提供する景品類の総額にも制限があります。

● 懸賞・総付それぞれの景品類の提供額の上限

懸賞の場合、提供する景品類の最高額は取引の価額が5,000円未満の場合は20倍の額まで、取引の価額が5,000円以上の場合は10万円となります。また、**提供する景品類の総額は売上予定総額の2%まで**です。客観的にみて合理的な売上予定総額に基づいていれば、実際の売上総額が予定を下回り、結果的に景品類の総額が2％を超過しても問題にならないとされています。なお、商店街などで行う共同懸賞は規制が緩和されています（P.86,96）。**総付によって提供する景品類は、取引の価額の20%の金額の範囲内（取引価額が1,000円未満の場合には200円）**となります。景品類の価額が取引の価額の20％以内でも「正常な商慣習に照らして適当と認められる限度」を超えない範囲であることが求められます。店舗への入店者に総付の方法で景品類を提供する場合、取引の価額は原則100円となり提供できる景品類の最高額は200円となります（P.102）。

◐ 景品類の提供方法

総付

→懸賞によらず
一般消費者に提供する

懸賞

→くじのような偶然性や
行為の優劣で提供する
人を決める

◐ それぞれの提供方法による提供額の上限

【懸賞】

最高額	取引の価額が5,000円未満の場合	取引の価額20倍まで
	取引の価額が5,000円以上の場合	一律で10万円まで
総額	合理的な売上予定総額の2%以内	

【総付】

景品類の価額	取引の価額が1,000円未満の場合	200円まで
	取引の価額が1,000円以上の場合	取引の価額の20%まで

【総付の提供と一般懸賞を同時に行う場合】

> 商品Aの購入者全員に景品類Bを総付による方法で提供し、さらに抽
> 選くじを行い、当選者には景品類Cを懸賞による方法で提供する場
> 合、総付と懸賞のそれぞれの規制の範囲内で景品類を提供できる

まとめ	□ 景品類には上限が定められ、懸賞と総付で額が異なる

懸賞（一般懸賞）と共同懸賞

● 一般懸賞とは

　懸賞とは、①**くじその他の偶然性を利用して定める方法**か、②**特定の行為の優劣または正誤によって定める方法**によって、景品類の提供をする相手や提供する景品類の価額を定めることをいいます。

　①は偶然によって、誰に景品類を提供するか、提供する景品類がどれになるかを決定するもので、抽選券を用いたり、同じ商品の一部にだけ景品類を添付して当たり付きにしたり、じゃんけんで勝った人が景品類を手に入れられる場合等が該当します。すべての商品に景品類を添付するが、その価額に差があり、購入の際にはその価額を判別できないようにしておく方法も含まれます。②には、商品の改良方法の工夫を募集して優劣をつけたり、パズル・クイズ等の回答を募集して正誤をつけたり、コンテストで優劣をつけたりする等して、景品類の提供相手や提供する景品類を決めるもの等があります。

　下記の共同懸賞や絵合わせ（P.98）以外による①・②による懸賞は一般懸賞と呼ばれています。

● 共同懸賞とは

　複数の事業者で共同して実施する懸賞で、右図❶❷❸いずれかに該当するものを共同懸賞といいます。商店街の福引企画が典型例です。共同懸賞への参加資格を売上高等で限定したり、特定の事業者団体の加入者、特定の取引先に限定したりして、一部の者に対し不利な取扱いをし、共同懸賞に参加できないようにする場合は、共同懸賞ではなく、一般懸賞として扱われます。

● 懸賞（一般懸賞）と共同懸賞

懸賞（一般懸賞） ※どちらかに該当すれば懸賞にあたる

①くじその他の偶然性を利用して定める方法
②特定の行為の優劣または正誤によって定める方法

共同懸賞 ※どれかに該当すれば共同懸賞にあたる

❶一定の地域における小売業者・サービス業者の相当多数が共同して行う場合
❷一つの商店街内の小売業者・サービス業者の相当多数が共同して行う場合（ただし、年3回、年間合計70日以内で行う）
❸一定の地域で一定の種類の事業を行う事業者の相当多数が共同して行う場合

● 景品類の価額の制限

一般懸賞

最高額	懸賞に係る取引の価額の20倍の金額まで（取引の価額が5,000円以上の場合には、10万円）
総額	懸賞に係る取引の予定総額の2％を超えない額まで

共同懸賞

最高額	30万円まで（取引の価額は関係しない）
総額	懸賞に係る取引の売上予定総額の3％を超えない額まで

まとめ	☐ 懸賞に該当すると提供できる景品類の最高額や総額が制限される ☐ 共同懸賞の場合は一般懸賞と上限の額が異なる

全面的に禁止される懸賞方法（絵合わせ）

● 絵合わせは、全面的に禁止されている

懸賞のうち、**2以上の種類の文字、絵、符号等を表示した符票のうち、異なる種類の符票の特定の組合せを提示させる方法**で景品類を提供することは、景品類の価額の多寡にかかわらず禁止されています。この提供方法は**絵合わせ**（カード合わせ）と呼ばれています。例えば、お菓子についているおまけのカードを全種類集めて店へ持っていくと限定カードと交換できる企画は絵合わせにあたります。絵合わせを禁止する趣旨は、絵合わせは、途中までは簡単に集まるものの、次第に集まりにくくなるため、一般消費者に「集まりやすい」という錯覚を生じさせて、巧みに欺くような側面があることが挙げられます。また、子ども向けの商品に使用されることが多く、子どもの射幸心を著しく煽るという観点から苦情が多かったという点も全面禁止となった理由の一つです。

他方で、2以上の同じ符票の組合せを提示させる方法は、「異なる種類の符票の特定の組合せ」に該当せず、絵合わせにあたりませんが、一般懸賞の規制（P.96）の対象となり得ます。

● 実際に指導がされた例もある

2012年、オンラインゲームの有料ガチャでアイテムを販売して、**特定のアイテムの組合せを揃えた場合に特別なアイテムを提供する方法（コンプガチャ）は、絵合わせ（カード合わせ）に該当し得る**と消費者庁により明らかにされました。コンプガチャが絵合わせ（カード合わせ）にあたるとして行政指導がされた例も多数あります。

● 絵合わせ（カード合わせ）

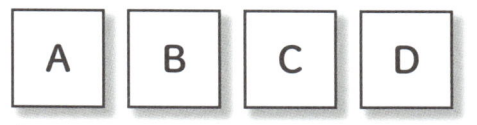

✖ 全面禁止！！

・A、B、C、Dを全部揃えた場合に特別なアイテムをプレゼント！
・特定の組合せ（AとC等）を揃えた場合に特別なアイテムをプレゼント！

● 絵合わせに該当する例

・1パックにつき数枚のプロ野球選手のカードがランダムに入っている商品について、特定のレアカード3種類を揃えた人に対して、特別な経済上の利益をプレゼントする企画
・オンラインゲーム上で、ゲーム内のアバターに使用するアイテムのガチャに対して、特定の期間中にすべてのアイテムを揃えることができた場合に、コンプリート者専用の特別なアイテムをプレゼントするイベント

※絵合わせに該当する場合には、景品類の提供額にかかわらず、禁止されている

【絵合わせ以外の方法により景品類を提供する場合】

絵合わせに該当しない場合であっても、景品類を懸賞（P.96）や総付（P.100）による方法で提供する場合には、提供方法に応じた規制が適用される点に注意する必要がある

まとめ	☐ 2種類以上の異なる種類の特定の組合せを提示させる方法を用いた懸賞による景品類の提供は絵合わせに該当する ☐ 絵合わせは、全面禁止とされている

総付による景品類の提供と適用除外

● 総付とは

総付とは、懸賞によらないで提供する景品類の提供方法をいいます。商品の購入者や来店者に対してもれなく同じ景品類を提供する場合や、来店の先着順により景品類を提供する場合は、偶然性によって景品類の提供者を決めたり、特定の行為の優劣によって提供する景品類を定めたりするものではなく、原則として総付に該当します。総付によって提供できる最高額は取引の価額の20%以内であって正常な商慣習に照らして適当なものである必要があります。

総付は、懸賞によらない提供方法のため、まずは懸賞該当性から検討します。もっとも、懸賞に該当するか判断が難しい事案も存在します。例えば、先着順で景品類を提供する場合でも、郵便での申込みの先後で順位を決めるなど自らが景品類提供対象となる順位に入るか明らかでない場合には、先着順に入るか否かは偶然によって決まるため、懸賞に該当することになります。

● 総付規制の適用除外

仮に景品類に該当する場合であっても、右図の4つの類型（**①商品の販売・使用等のため、サービス提供のために必要な物品・サービス、②見本その他宣伝用の物品・サービス、③自己の供給する商品・サービスの取引において用いられる割引券その他割引を約する証票、④開店披露、創業記念等の行事に際して提供する物品・サービス）に該当する場合**であって正常な商慣習に照らして適当と認められるものは、**総付規制の適用を受けません。**

● 総付規制の適用除外の場合

①商品の販売・使用等のため、サービス提供のために必要な物品・サービス

［例］
・講習を受講する際に渡す講習の教材
・眼鏡を購入した際に眼鏡のレンズ拭きを付ける

②見本その他宣伝用の物品・サービス

［例］
・化粧品売り場でのメイクアップサービス
・スーパーでのウインナーの試食

③自己の供給する商品・サービスの取引において用いられる割引券その他割引を約する証票

クーポン
10%OFF

［例］
・商品購入時に配布する、次回同じ店舗で買い物をしたときに使用できる割引券
・自店と他店の取引において共通して利用でき、1ポイント＝1円割引など同額の割引を約するポイント（P.112）

④開店披露、創業記念等の行事に際して提供する物品・サービス

［例］
・新規開店の披露のため、開店初日に入店者にもれなく粗品をプレゼントする

※総付規制が適用除外されるためには、上記に加えて、正常な商慣習の範囲内であることが必要

まとめ	□ 景品類の提供方法が懸賞によらない場合を総付という。景品類に該当する場合でも適用除外がある

取引の価額の算定

▶「取引の価額」は提供する景品類の最高額を算定する基準

懸賞・総付による景品類の提供のどちらも**提供できる景品類の最高額が決まっています。景品類の最高額を算定するために基準となる価額を「取引の価額」**といいます。

▶ 具体的な取引の価額の考え方

景品企画の参加条件に応じて「取引の価額」を検討する必要があります。購入者に対して購入額を基準に景品類を提供する場合は購入額が「取引の価額」となります（右図①）。購入を条件とするものの、購入金額によらず景品類を提供する場合（右図②）、来店者に対して先着順に景品類を提供する場合（右図③）は、原則として100円が「取引の価額」となります。ただし、店舗において通常行われる取引の価額が100円を超える場合にはその価額を「取引の価額」とすることができます。また、メーカーが実施する企画により販売店で景品類の提供が行われる場合は、販売店での通常の取引価格が「取引の価額」となります。なお、通常とは異なり、特売セールでの販売価格は「通常の取引価額」ではないため「取引の価額」にはなりません（右図④）。購入の際に値引きポイントを使用した場合に関しては、ポイント使用が購入の条件となっているような場合を除き、ポイント使用前の購入額が「取引の価額」となります。

また、取引の実態からみて、通常、一定期間を継続的に取引すると認められる場合、例外的に、その一定期間に通常行われる取引の価額のうち最低のものを「取引の価額」とできる場合があります。

● 取引の価額の考え方

①	購入者を対象とし、購入額に応じて景品類を提供する場合　→　当該購入額を「取引の価額」とする
②	購入者を対象とするが購入額の多少を問わないで景品類を提供する場合　→　原則として、100円を「取引の価額」とする ※ただし、当該景品類提供の対象商品又は役務の取引の価額のうちの最低のものが明らかに100円を下回っていると認められるときは、当該最低のものを「取引の価額」とすることとし、当該景品類提供の対象商品又は役務について通常行われる取引の価額のうちの最低のものが100円を超えると認められるときは、当該最低のものを「取引の価額」とすることができる
③	購入を条件とせずに、店舗への入店者に対して景品類を提供する場合　→　原則として、100円を「取引の価額」とする ※ただし、当該店舗において通常行われる取引の価額のうち最低のものが100円を超えると認められるときは、当該最低のものを「取引の価額」とすることができる この場合において、特定の種類の商品又は役務についてダイレクトメールを送り、それに応じて来店した顧客に対して景品類を提供する等の方法によるため、景品類提供に係る対象商品をその特定の種類の商品又は役務に限定していると認められるときはその商品又は役務の価額を「取引の価額」として取り扱う
④	景品類の限度額の算定に係る「取引の価額」は、景品類の提供者が小売業者又はサービス業者である場合は対象商品又は役務の実際の取引価格を、製造業者又は卸売業者である場合は景品類提供の実施地域における対象商品又は役務の通常の取引価格を基準とする

（消費者庁「『一般消費者に対する景品類の提供に関する事項の制限』の運用基準について」）
※取引の価額は、消費税込みで算定する

まとめ	☐ 提供できる景品類の上限額は、取引の価額を算定して決まる ☐ 取引の価額の算定においては単純に購入額が「取引の価額」にならないケースもある

景品類の価額の算定

● 景品類の価額を算定する必要

　景品規制は、提供する景品類の上限額を定めています（P.94）。そのため、提供する景品類が上限額以内か判断するため、景品類の価額を算定する必要があります。

● 景品類の価額の算定方法

　景品類の価額の算定方法は、以下の通りとなります。

（1）景品類と同じものが市販されている場合

　景品類の提供を受ける者が、それを通常購入するときの価格（消費税相当額を含む）が景品類の価額となります。株式や暗号資産のように価格が変動するものの場合には、その景品類が提供される時点の価格で算定します。

（2）景品類と同じものが市販されていない場合

　景品類を提供する者がその景品類を入手した価格や、市場でのその景品類の類似品の価格を考慮し、**提供を受ける者がそれを通常購入するときの価格が景品類の価額**となります。その商品の原価ではなく、販売価格となるので、提供する事業者側が実際に提供するために要した費用と相違が生じる点で、注意が必要です。

　例えば、提供する景品類がそのキャンペーンのためにブランドとコラボして特別なデザインの施された製品の場合には、その製品の製造価格や、そのブランドにおける類似品の市価等を考慮し、仮に市販された場合の価格が景品類の価額となります。

◉ 景品類の価額の算定方法

（1）景品類と同じものが市販されている場合

景品類

通常購入した場合にかかる価格
から算定（消費税相当額も含む）

（2）景品類と同じものが市販されていない場合

景品類
（非売品）

類似品から算定

✓ 市販されている類似品の市場価格
✓ 提供側が景品類を入手するのにかかった価格
↓
通常購入する場合にかかる価格を算定

まとめ	☐ 景品類の上限額の範囲内か判断するために、提供する景品類の価額を算定する必要がある ☐ 景品類が市販されているものの場合には市販された価格、非売品の場合には類似品等から算定する

景品規制の対象外となるもの①
―総論―

● 景品規制に違反せずに経済上の利益を提供するためには

　ここまで景品規制の概要を説明しました。実務上、景品規制に違反せずにキャンペーンを実施する方法が模索されます。その方法としては、**①景品類の要件を充足しないようにする**、**②提供する経済上の利益を景品規制の上限内に収める**（P.94-97，P.102-105）、**③総付規制の適用除外を利用する**、という方法が考えられます。

（1）景品類に該当しない経済上の利益（①について）

　景品類の要件はP.88のとおりですが、例えば、提供する経済上の利益を取引の本来の内容としたり、セット販売と構成し、取引付随性の要件を満たさない方法があり得ます。

　また、経済上の利益であっても、正常な商慣習に照らして**値引**と認められるものは、景品類に該当しないとされています。ただし、懸賞による場合や金銭の使途を制限する場合、同一企画で景品類の提供を同時に行う場合は値引といえず、景品類と評価されることになります。なお、正常な商慣習に照らして**アフターサービスや商品・サービスに附属すると認められる経済上の利益**も、景品類にあたりません。

（2）景品規制の例外にあてはめる（③について）

　景品類に該当しても、総付規制の適用除外にあたる場合もあります。例えば、いわゆる**自他共通割引券**（P.112）に該当するポイント制度を設計したり、**商品・サービスの提供に必要な物品・サービス**や**見本・試供品**と整理したり、適切な物品等を新店舗の**開店などの行事**の際に提供することが考えられます。

● 景品規制に違反しないキャンペーン

①景品類の要件を充足しないようにする例

景品類の要件を満たさない経済上の利益	景品類にあたらない値引やアフターサービス
スポンサーによる提供	自店で利用できるクーポン券（値引）
有償取引や来店を伴わないインターネットくじ企画	キャッシュバック（値引）
セット販売	ハンバーガーを買ったらもう1個ハンバーガーが無料でもらえる（値引）
仕事の報酬	家電の一定期間の保証（アフターサービス）

③総付規制の適用除外を利用する例

パターン	例
総付規制の適用除外	自店だけでなく他店でも使用できる300円割引券（自他共通割引券→P.112）
	電化製品の電池 重量家具の配送サービス（必要な物品・サービス→P.100）
	食品売り場の試食品 試供品化粧水ミニボトル（見本→P.100）
	創業50周年記念タオル 開店記念ボールペン（開店披露→P.100）

まとめ	□ 景品規制に違反しないためには、①景品類の要件のいずれかを充足しないようにする、②提供する経済的利益を景品規制の上限内に収める、③景品規制の例外にあてはめる、という方法がある

景品規制の対象外となるもの②
ーオープン企画ー

▶ 取引付随性が否定されるオープン企画

　商品や事業者の注目度を高めるために、広告等を用いて、**一般消費者に対し無償でプレゼントをすることを申し出る企画を行う場合、取引付随性**（P.90）**が否定され、**景品規制の対象外となるものがあります。このような企画は、**オープン企画**と呼ばれます。

▶ 対面とインターネットによるオープン企画

　店舗への来店を条件に経済上の利益を提供する行為には、取引付随性が認められます。対面で取引の勧誘ができる環境に一般消費者を呼び込み、顧客の購入の意思決定に直接結びつく可能性が高いためです。他方、インターネット上のウェブサイトで経済上の利益を提供する企画は、一般消費者がサイト間を自由に移動して閲覧することが一般的です。来店を条件とする場合と異なり、たとえそのウェブサイトで商品を販売していても、顧客の購入の意思決定に直接結びつく可能性は類型的に低いとされています。そのことから、**企画の応募受付を行うウェブサイトが商品の販売を行うウェブサイト上にある場合等も、取引付随性がなく景品規制の対象外**として扱われます。

　もっとも、企画の応募条件として商品・サービスの購入が必須である場合や、商品・サービスの購入によってウェブサイト上の懸賞企画の当選確率が上がる場合には、取引付随性が認められ、景品規制の対象となります。オープン企画を行う場合には、取引の相手方を経済上の利益の提供相手の主眼に置いていないか、十分に検討することが求められます。

◉ オープン企画に該当するものの例

1	商品の広告に無償のクイズと応募フォームがついており、そのクイズに正解した人の中から抽選でプレゼントをする企画
2	商品の販売を行うウェブサイトから抽選くじのサイトへリンクが貼られ、商品の販売を行うウェブサイトを開いて無償の抽選くじに応募することができるようになっている企画
3	事業者のSNS公式アカウントをフォローした人の中から抽選でプレゼントを贈る企画
4	事業者の通信販売サイトに無料会員登録をした者全員が100ポイントもらえる企画

◉ オープン企画に該当しないものの例

1	商品の広告にクイズと応募フォームがついており、そのクイズに正解した人の中から抽選でプレゼントをする企画だが、商品購入者にはクイズのヒントが与えられる
2	SNS事業者の公式アカウントをフォローした上で指定したハッシュタグを付けて自身のアカウントで投稿する方法で応募する抽選企画。ただし、事業者の指定する商品の写真や商品の使用感も投稿することにより、当選確率が2倍になる

【オープン企画の留意点】

SNSの投稿をリポストするなどウェブ上の無償の行為を条件に、自社の店舗で特定商品と引換できるクーポンを抽選で提供する場合、そのクーポン付与時はオープン企画といえる。しかし、クーポンを行使するには来店が必要であることから、来店時に取引付随性が認められ、クーポンと交換する商品は景品類に該当する

まとめ	☐ オープン企画は、取引付随性がなく、「景品類」に該当しない

景品規制の対象外となるもの③
ー値引ー

● 値引に該当する場合は、景品類に該当しない

　経済上の利益の提供でも、**正常な商慣習に照らして値引と認められる経済上の利益は、景品類に該当しない**とされます。値引が景品類に該当しないとされる理由は、値引きされた価格が取引内容そのものであり、取引とは別の利益の提供を受けるといえないためです。

　このような趣旨から、例えば懸賞による場合、割り戻した金銭の使途を制限する場合、同一の企画において景品類の提供と値引のいずれかを選択する場合などは取引と別の経済上の利益の提供を受けていると評価され、値引にはあたりません。

● 値引の類型

　値引には、以下の類型があります。取引通念上妥当と認められる基準に従って行われることを前提に、**①取引の相手方へ支払うべき対価を減額する場合、②取引の相手方に対し支払った代金について割戻しをする場合、③特定の商品・サービスの購入者に対して、同じ対価で同一の商品・サービスを付加して提供する場合**です。

　①は、「10%オフ」「1,000円」など値引としてイメージしやすいものから、「○円お買い上げごとに次回のお買い物で△円お値引き」等のものまで該当します。複数回の取引を条件に対価を減額する場合も含まれます。②は事後的に支払いを受けた対価をキャッシュバックする方法です。③は、増量値引であり、例えば「ワイシャツ2枚購入でもう1枚同じワイシャツをプレゼント」や「コーヒーを5杯飲んだら1杯無料」等が該当します。

● 値引に該当する場合でも表示規制には注意が必要

値引に該当する場合でも、景品規制以外に不当表示等とならないように
注意する必要がある。

 例①

実際には10%分のポイン
トが付与されるにすぎな
いのに、「10%値引」と表
示する

広告
10%値引！！

※10%ポイント分を付与
します

不当表示

例②

一部の高級ブランドの商
品は割引率が10%である
のに「店頭商品全品50%
引き」と表示する

広告
店頭商品全品 50%引き！！

一部の高級ブランドの
商品は割引率が
10%であった

● 値引に該当しそうで該当しないもの

（例）

①減額の対象が自己の取引でない場合	・500円お買い上げごとに自店以外の第三者の取引で使える割引券をプレゼントする
②キャッシュバックの金額が代金を超えている場合	・1,000円の商品に対して、1,500円のキャッシュバックを行う
③実質的に同一とはいえない商品・サービスを提供する場合	・コーヒーを5杯飲んだらジュース1杯無料券をプレゼントする ・ハンバーガーを買ったらフライドポテトを無料にする

まとめ	□ 正常な商慣習に照らして事業者が自己の供給する商品・サービスの価格を値引すると認められる経済上の利益は景品規制の対象外となる

景品規制の対象外となるもの④
―自他共通割引券―

▶ 顧客の囲い込みに使われる自他共通割引券

　景品類を総付（P.100）による方法で提供する場合であっても、**自己の供給する商品・サービスの取引において用いられる割引券その他割引を約する証票であって、正常な商慣習に照らして適当と認められるもの**は、総付規制の適用を受けません。この「証票」には、**自店だけでなく他店の取引にも共通して用いられるものであって、同額の割引を約する証票が含まれます**。このような割引券は、**自他共通割引券**と呼ばれています。自他共通割引券は、正常な商慣習に照らして適当な範囲内で提供する限り総付規制の適用は受けないため、いわゆる**共通ポイント**として、顧客を囲い込む戦略として用いられます。例えば、クレジットカード会社がカード会員に対し、100円のカード決済金額あたり1ポイントを提供する場合、1ポイントで1円割り引かれ、クレジットカード会社への支払いやクレジットカード加盟店の支払いにも充当できるとき、自他共通割引券にあたります。

　なお、「1％割引ポイント」という内容とした場合には、取引の価額によって、割引額が異なり、「同額の割引を約する」に該当せず、自他共通割引券に該当しません。また、ポイントに割引の用途の他に景品類や別のポイントに交換する機能を持たせる場合、そのポイントを割引券として用いる場合には自他共通割引券、景品類の交換に用いる場合には単なる景品類として扱うとされています。つまり、事後的に景品類であって自他共通割引券ではないとされる余地があるため、交換機能を持つポイントを付与する場合、総付規制に準拠し、取引の価額の20％以内の付与にとどめる必要があります。

● 自他共通割引券のイメージ

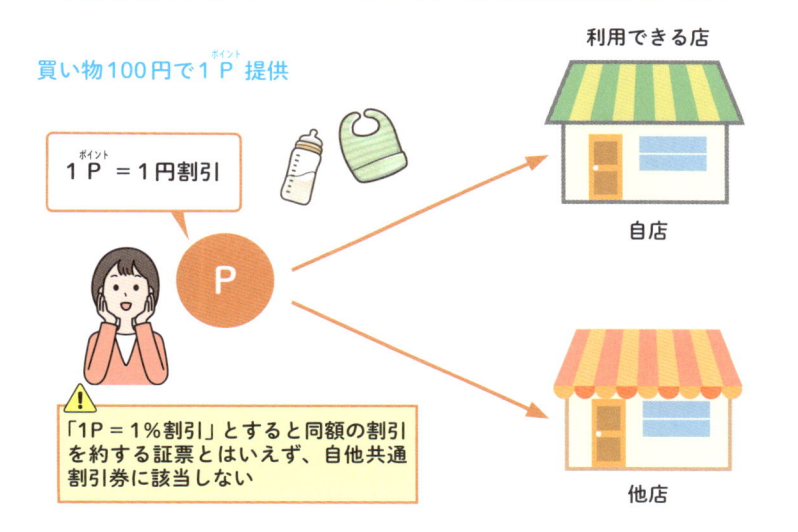

買い物100円で1 P（ポイント） 提供

1 P（ポイント） ＝ 1 円割引

利用できる店

自店

他店

⚠ 「1P＝1%割引」とすると同額の割引を約する証票とはいえず、自他共通割引券に該当しない

● 自他共通割引券設計のチェックポイント

✓ 自己と他者の取引で共通して利用できる

✓ 同額の割引をする

✓ 正常な商慣習の範囲内で提供する

✓ 懸賞の方法による提供でない

✓ 別のポイントへの交換など景品類との引換機能を持たせる場合には取引の価額の20%の範囲内で提供する

まとめ	☐ 自店だけでなく他店の取引にも共通して用いられ、同額の割引を約する証票は自他共通割引として、正常な商慣習の範囲内で提供する限り、総付規制の適用を受けない

高評価％表示が優良誤認表示となる場合

　高評価％表示とは「他者からの好意的な評価を多数（○％も）獲得している商品等であること」を示す表示です。他社との比較ではないためクレーム等を受けにくいこともあり、No.1 表示への行政処分数の増加に伴って、近年、高評価％表示の使用が増えています。しかし、例えば専門家や消費者の多くが高評価をしている旨表示する場合、それだけの優良性を備えていることを示すものであり、当該高評価が合理的根拠に基づかない場合は、優良誤認表示となります。高評価％表示は、比較を前提としない点で主観的評価による No.1 表示（P.56）と異なりますが、第三者の主観的評価を調査し根拠とする点は同じです。合理的根拠についての考え方も No.1 表示と同様、①商品・サービスの使用者を対象にした客観的な調査が行われているか、②その調査結果を恣意的に抜粋することなどなく正確かつ適正に引用しているか、という点が重要です。「医師の 90％が推奨」のように、有資格者や専門家の主観的評価を訴求するものは、一般消費者に与える影響が大きいため、調査対象者の選定には特に留意が必要です。例えば、❶医師かどうかを自己申告により確認するだけで、医師であることを客観的に担保できていない場合、❷医師の専門分野（専門の診療科など）が、商品・サービスを評価するに当たって必要な専門的知見と対応していない場合、❸医師が、回答に際し調査会社等から商品・サービスの品質・内容について合理的根拠がない情報の提供を受けている場合（例えば、虚偽あるいは客観的実証がされていない「△△試験の結果、この商品には○○の効果がある」、「この商品は安全性について○○の認定を受けている」等の情報提供された場合）は、調査結果が合理的根拠資料に当たらないと評価されるおそれがあります。

Part

景品表示法違反が
あった場合の手続・効果

景品表示法の違反があった場合

● 不当表示等に対する事前規制と事後規制

　景品表示法は、**一般消費者の利益の保護**を目的とし、2つの行為規制（**表示規制**（P.24）、**景品規制**（P.86））、事業者に対し違法行為防止のための管理体制構築を義務付ける**管理上の措置**（P.134）と自主的ルールに法的お墨付きを与える**公正競争規約**（P.128,136）によって一般消費者の自主的かつ合理的な選択の確保を図ります（P.10-13）。

　違反行為に対するペナルティがなければ、画餅に帰すことになるため、当該違反行為を差し止めや再発防止を求める**措置命令**や優良・有利誤認表示をした事業者に経済上の不利益を課す**課徴金納付命令**（P.120）等の行政処分があります。命令を出す手続きは、違反事件調査のきっかけとなる情報（**端緒**）を取得し、**調査**の上で行われます。事業者の保護の手続きとして**弁明の機会の付与**や**不服申立て**（審査請求や取消訴訟等の行政事件訴訟）もあります（P.118）。なお、出された措置命令に対する違反は**罰則の対象**となります。また、優良・有利誤認表示に対する**直罰規定**（P.130）も新設されました。

　消費者庁等は、措置命令等をする必要性までは認められない場合であっても、是正措置を求めて**指導**（P.120）を行うこともあります。また、違反行為を事業者の自浄作用で改善することを後押しする仕組みとして、**確約手続**が導入されています（P.122）。

　なお、不当表示に対する民事上の措置としては、消費者による**損害賠償請求**が想定されます。また、**適格消費者団体**は優良・有利誤認表示をしている事業者に対して差止請求を行うことができます（P.124-127）。

◉ 景品表示法における規制の全体像

自主的かつ合理的な商品等の選択の確保を目的

> **不当な顧客誘引の禁止**
>
> | **不当表示の禁止** | **景品類の制限及び禁止** |
> |---|---|
> | ● 優良誤認表示の禁止
● 有利誤認表示の禁止
● その他 誤認されるおそれがある表示の禁止 | ● 一般懸賞による景品類の提供制限（最高額・総額）
● 共同懸賞による景品類の提供制限（最高額・総額）
● 総付景品の提供制限（最高額） |
>
> 事業者が講ずべき景品類の提供及び表示の管理上の措置　　公正競争規約

違反行為に対する調査処分や対応等

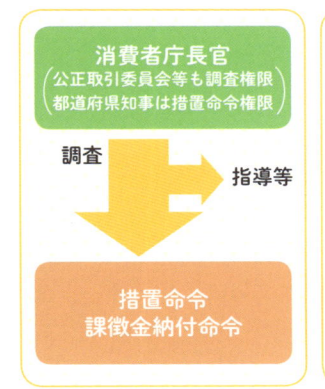
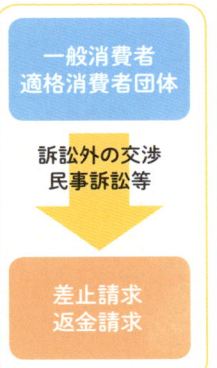
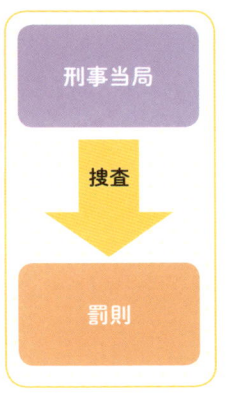

（消費者庁HPを参照し作成）

まとめ	☐ 景品表示法では、行政・民事・刑事のそれぞれの規制によって、行為規制の実現の担保を図る

行政調査の流れ

▶ 行政調査の端緒・手続・措置

　端緒とは、事件調査のきっかけとなる情報です（P.116）。端緒としては一般消費者など外部からの情報提供のほか消費者庁職員等が自ら発見する場合もあります。

　景品表示法違反被疑事件の調査について、消費者庁等は**報告命令**、**提出命令**、**立入検査**、**質問調査**といった調査権限を有しています。報告拒否等は刑事罰の対象になります。もっとも、実際の調査はこれらの権限が発動されることは多くなく、任意の報告依頼等で実施される場合が通常です。なお、優良誤認表示の疑いがある場合、表示の裏付けとなる合理的根拠を示す資料の提出を求め、合理的根拠資料が提出されない場合、消費者庁等は**行政処分**（措置命令・課徴金納付命令）を行うことができます（**不実証広告規制**）（P.52）。

　消費者庁等が措置命令や課徴金納付命令を行おうとする場合は、**弁明の機会の付与**の手続がなされ、事業者には調査に対する反論の機会が保障されています。

　消費者庁等は、調査の結果、違反行為が認められると判断した場合には、当該事業者に対して**措置命令**を出すことができます。なお、措置命令に従わない場合も刑事罰の対象になります。優良誤認表示と有利誤認表示は、**課徴金納付命令**の対象となります。ただし、事業者が所定の手続きに従って一般消費者に自主返金を行った場合は返金相当額が課徴金額から減額されます。

　なお、措置命令と課徴金納付命令を回避する手段として**確約手続**があります（P.122）。

● 景品表示法等の運用状況及び表示等の適正化への取組（令和5年度）

・調査件数等の推移

（単位：件）

年度		令和3年度	令和4年度	令和5年度
前年度からの繰越し		169	85	74
新規件数	職権探知	65	48	82
	情報提供[注]	138 (12,503)	137 (14,410)	71 (18,114)
	自主報告	2	4	2
	小計	205	189	155
調査件数		374	274	229
処理件数	措置命令	41	41	44
	指導	172	112	85
	都道府県移送	19	8	5
	協議会処理	18	14	14
	打切り等	39	25	47
	小計	289	200	195
次年度への繰越し		85	74	34

（注）外部から提供された情報に基づき、景品表示法違反被疑事案として調査することが適当と思われた事案数。括弧内の数字は外部から提供された情報の総数

・課徴金納付命令等の件数の推移

年度		令和3年度	令和4年度	令和5年度
課徴金納付命令		15件	17件	12件
課徴金額		4億8484万円	3億411万円	20億4419万円
実施予定返金措置計画	認定	0件	0件	0件
	不認定	0件	0件	0件

出典：消費者庁「令和5年度における景品表示法等の運用状況及び表示等の適正化への取組」をもとに作成

> **まとめ**
> □ 調査の端緒に始まり、調査・処分への手続きが進行する
> □ 手続きにおいては、消費者庁の立証を軽減（不実証広告規制）する一方、命令を回避する手段（確約手続）を設けるなど柔軟な執行を目指す

景品表示法に違反する事実が認められたら

▶措置命令・課徴金納付命令・指導等

　措置命令は、名宛人に対して**行為の差止め、違法行為の再発防止に必要な事項、その他必要な事項を命ずるもの**で、違法行為の不作為、一般消費者の誤認排除のための新聞広告等の公示、再発防止策の策定等が命じられます。措置命令は消費者庁長官のほか都道府県知事も行うことができます。措置命令に従わない者は、**2年以下の懲役または300万円以下の罰金の対象**となり、事業者には**3億円以下の罰金（両罰規定）**が科されます。なお、令和5年改正により優良・有利誤認表示に対し、**直罰（100万円以下の罰金）**が新設されました。

　課徴金納付命令とは、違反行為（優良・有利誤認表示）をした事業者に経済的な不利益を課すことにより、事業者が不当表示を行う動機を失わせ、抑止力を高めることにより不当表示を防止することを目的とするものです。**課徴金額は、課徴金対象期間における課徴金対象行為に係る商品・サービスの政令で定める方法により算定した売上額に3%を乗じて算定**されます。ただし、事業者が、自らが行った表示が不当表示であることを知らず、かつ、知らないことについて相当の注意を怠った者でないと認められるときは、課徴金の納付を命じることはできないとされています。

　消費者庁は、措置命令をする必要性が認められない場合であっても、景品表示法に違反するおそれのある行為を行った事業者に対して、当該事業者が是正措置を採るよう非公表の対応として**行政指導**を行う場合があります。

● 景品表示法違反被疑事件の調査

景品表示法の調査手続きの流れ

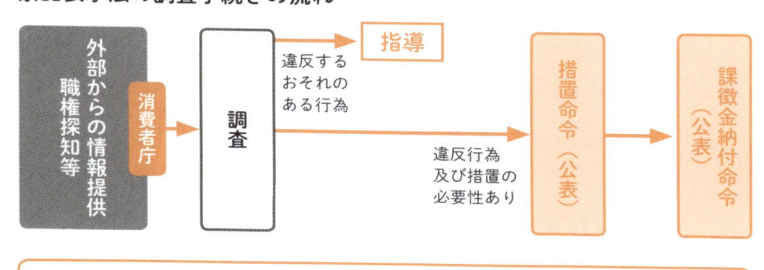

◆措置命令とは

調査の結果、違反行為及び措置の必要性が認められた場合

①違反行為の差止
②再発防止策の実施
③誤認を排除するため一般消費者への周知徹底
④今後同様の違反行為を行わないこと

などを**命ずることができる**行政処分

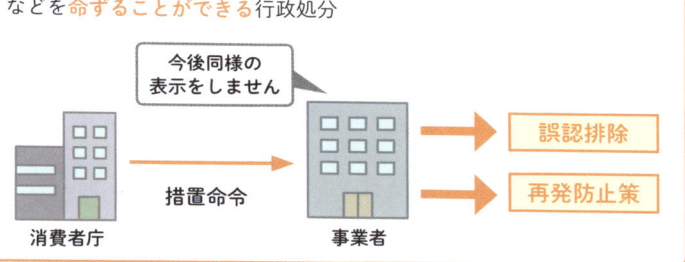

◆課徴金納付命令とは

不当表示の対象となった商品等の売上額の3%の額の課徴金を納付する
ることを命ずる処分

まとめ	☐ 景品表示法において、違反行為が認められた場合には、措置命令・課徴金納付命令を行う
	☐ 違反行為が認められない場合も、行政指導がなされる場合がある

確約手続の導入

● 確約手続で事業者の自主的取組による解決を図る

　令和5年改正により、不当景品類の提供や不当表示の規定に違反する疑いのある行為について、事業者の自主的な取組により解決するための**確約手続**が導入され、2024年10月に施行されました。消費者庁が事業者の確約計画を認定した場合、事業者は当該確約計画通りの措置を講ずる義務が生じ、**違反の疑いのある事実に関して、措置命令と課徴金納付命令を行わないという効果**があります。なお、認定確約計画の概要は公表されます。

　確約手続は、措置命令や課徴金納付命令と比べ、一般消費者による自主的かつ合理的な選択を阻害するおそれのある行為をより早期に是正し、消費者庁と事業者が協調的に問題解決を行い、景品表示法の効率的かつ効果的な執行に資することが期待されるものです。確約手続は、内閣総理大臣からの**被疑行為の事業者への通知、事業者からの確約計画の申請**、内閣総理大臣による**確約計画の認定**、の大きく3つのプロセスからなります。

　確約計画の認定は措置内容の十分性や措置実施の確実性の観点から個々の事案に応じて個別的に検討されます。確約計画の典型例として、①違反被疑行為を取りやめること、②一般消費者への周知徹底、③被疑行為及び同種行為が再び行われることを防止するための措置、④履行状況の報告、⑤一般消費者への被害回復、⑥契約変更、⑦取引条件の変更等があります。もっとも、**当該確約計画が不実施**の場合は、**認定取消**の上で再調査し、違反行為が認められると措置命令や課徴金納付命令が発せられ得ることになります。

● 通常調査と確約手続の関係

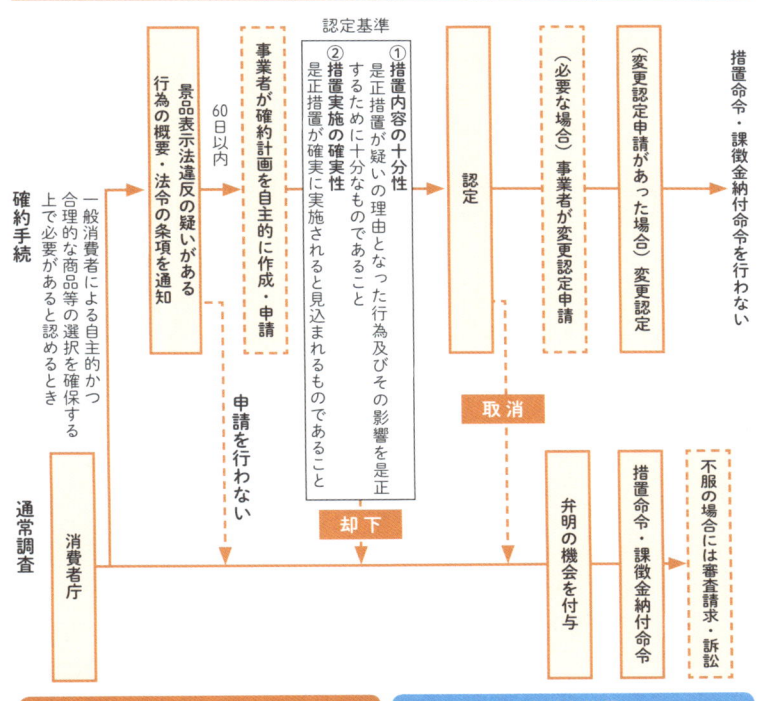

必要な措置
措置命令と同様の内容が求められる
✓ 違反被疑行為を取りやめること
✓ 一般消費者への周知徹底
✓ 違反被疑行為及び同種の行為が再び行われることを防止するための措置（管理上の措置の指針が参考）
✓ 履行状況の報告　確約措置の履行状況について、被通知事業者又は履行状況の監視等を委託された独立した第三者（消費者庁が認める者）が消費者庁に対して報告

有益な措置
✓ 一般消費者への被害回復　返金等の被害回復をすることは「重要な事情」として考慮される
✓ 契約変更　違反被疑行為の要因が、被通知事業者の既存の取引先（ASPや調査会社等）にも存在する場合、取引先を変更・既存の取引先との契約内容の見直し
✓ 取引条件の変更　有利誤認表示の疑いがある場合に取引条件を表示に合わせる措置等

まとめ	□ 景品表示法の規定に違反する疑いがあるもののうち、事業者の自主的な取組により早期に解決するための手段として確約手続が導入された

差止請求・損害賠償請求

● 違反行為に対する民事的な回復手段

　景品表示法の違法行為は、行政機関による是正のみならず、民事で争うこともあり得るところです。例えば、競業他社の広告によって自社に影響が出ている場合や消費者が被害を受けている場合、行政機関の執行よりもいち早くかつ直接的な回復手段として、**差止請求**や**損害賠償請求・契約取消（返金）**なども検討対象になります。

（1）差止請求

　景品表示法は、事業者による差止請求を規定していません。そのため、仮に私人（一般消費者・競争事業者）として差止請求を検討する場合には、他の規制を根拠にすることになります。**独占禁止法における不公正な取引方法（欺瞞的顧客誘引や不当な利益による顧客誘引など）**として、**不正競争防止法における誤認惹起行為**として、場合によっては**商標法上の商標権侵害**として、差止請求をすることもあり得るところです。なお、景品表示法は、私人（一般消費者・競争事業者）による差止請求は規定していませんが、**適格消費者団体**に不当表示の差止請求を認めています（P.126）。そして、表示の裏付けとなる**合理的根拠の開示要請**ができる旨が令和5年改正法により明文化されました。

（2）損害賠償請求・契約取消（返金）

　また、景品表示法は損害賠償請求も規定していませんが、景品表示法違反によって法的な利益を侵害された場合には、消費者から**不法行為に基づく損害賠償請求**をすることや、不当表示が不実の告知と評価できる場合には、**契約取消**や**返金の請求**があり得ます。

● 行政による規制・私人（一般消費者・競争事業者）による対応のイメージ

行政による規制

一般消費者・競争事業者による回復

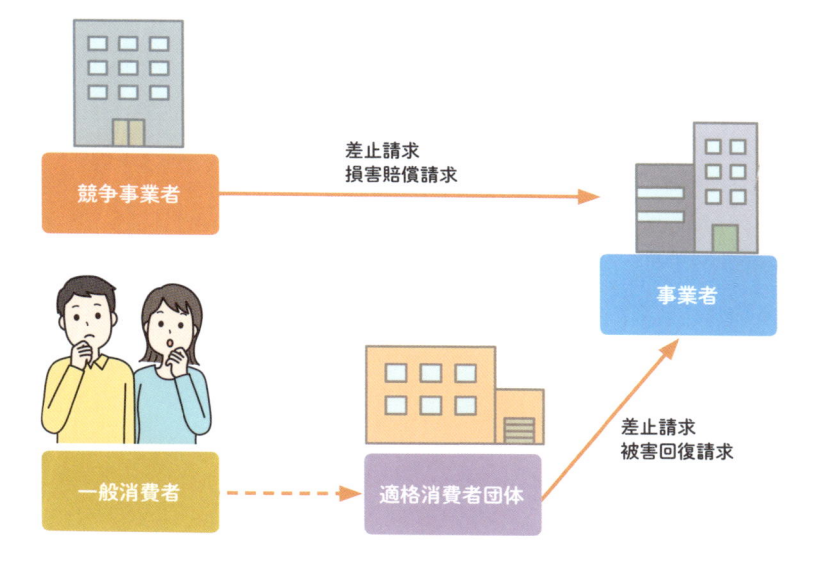

まとめ	☐ 景品表示法は行政による規制（表示規制・景品規制）が市場環境の是正を図るが、一般消費者や競争事業者が直接的に差止請求や損害賠償請求等を検討する場面もある

消費者団体等による請求・訴訟

● 適格消費者団体による差止請求・被害回復請求

　景品表示法は、事業者が**優良誤認表示または有利誤認表示を現に行いまたは行うおそれがあるとき**は、当該事業者に対し、**差止請求することができる権限**を、**適格消費者団体**に対して付与しています。

　①消費者からの情報提供等に基づき②適格消費者団体は対応方針を検討した上で、③優良・有利誤認表示をしている事業者に対して、**裁判外の交渉（事業者に対する是正の申し入れ）**を行います。④協議の上、⑤業務改善が行われれば協議を終了し、⑥事業者による改善が行われない場合、⑦**事業者に対し提訴前の書面による事前請求**を行います。事前請求によっても事業者による改善が行われない場合は、裁判所に対し**差止請求訴訟**を提起します。⑧なお、適格消費者団体と事業者の協議等の結果は各団体のHP等に公表されます。

　消費者裁判手続特例法によって、適格消費者団体の中で特に認定を受けた団体（特定適格消費者団体）は、差止請求の権限に加えて、金銭的な**被害回復請求**ができる権限も付与されます。

● 景品表示法違反と適格消費者団体の交渉

　不特定の者への広告も**消費者契約法上の「勧誘」に該当する場合**があるとの判例が出ました（最判平成29年1月24日）。このため、景品表示法違反で措置命令等が公表されると、**不実の告知として消費者契約法違反（取消し＋返金）の主張もしやすく**なり、加えて消費者裁判手続特例法による集団訴訟なども交渉カードとして、特定適格消費者団体より**返金請求がなされることもあります**。

適格消費者団体による差止請求の流れ

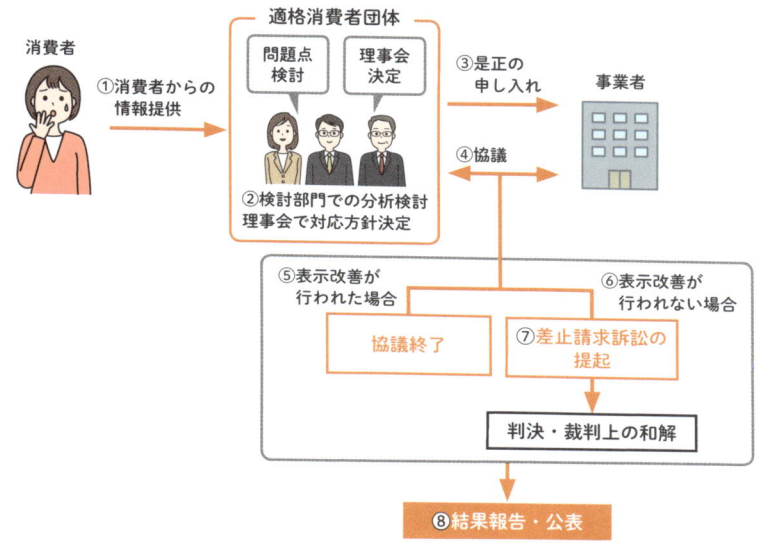

（消費者庁HPより引用）

被害回復の手続き

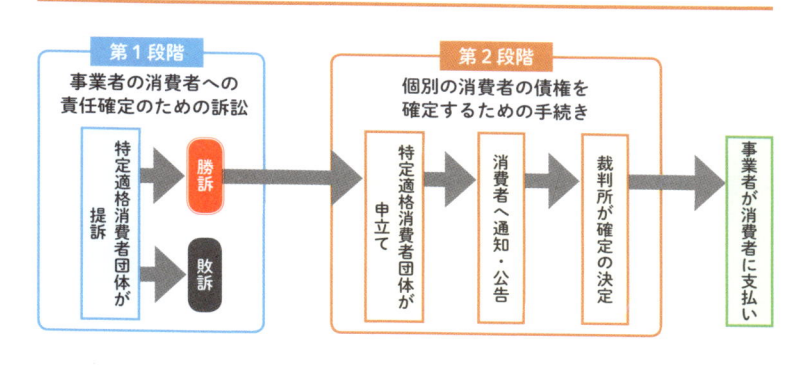

まとめ	□ 適格消費者団体は、消費者庁とは独立して差止請求や被害回復請求等を行い、それらのやり取りや結果については公表される □ 景品表示法違反の認定が交渉カードとして使われることもある

自主ルールによる措置・DPF規約

● プラットフォーマーのゲートキーパーとしての役割

　景品表示法は、事業者団体等による自主ルールに法的なお墨付きを与える制度として**公正競争規約**（P.136）を設けています。また、事業者の不当表示を防ぐ仕組みとして、いわゆる取引DPF（デジタルプラットフォーム）事業者が策定する自主ルールが機能する場面もあり得ます。取引DPF事業者は、場の提供者で、商品・サービスを直接提供するものではないため、表示等の責任を負わず、当該DPFにおいてやりとりされる商品・サービスに関して審査する義務も負わないのが原則です。しかし、**取引DPF事業者は、場を提供することで利益を上げている以上、当該DPFを適切な環境に整えるべき**との議論により取引DPF法の制定がされました。また、取引DPF事業者は、信義則上の義務（相手の信頼を裏切らない誠意をもって対応する義務）として利用者に欠陥のないシステムを構築し、商品等を提供する義務を負うことを認めた裁判例も存在します。そのため、一般論としては、**取引DPF事業者にゲートキーパーとして欠陥や違法行為に対し適切に対処する義務や責任を負う場合がある**と考えられています。その結果、取引DPF事業者は、場の提供者としての責任やブランディング維持の観点から法令以上に厳しい自主ルールを設けている場合もあります。一方、**自主ルールによる規制の結果、規制理由が明らかにならないまま、表示等ができないといった問題が生じ、逆に自主ルールの透明性が問題**になる場面も出ています。このため、一定の大規模取引DPF事業者に取引条件を明示する義務が取引透明化法により課されています。

● 公正競争規約やDPF規約による市場の適正化のイメージ

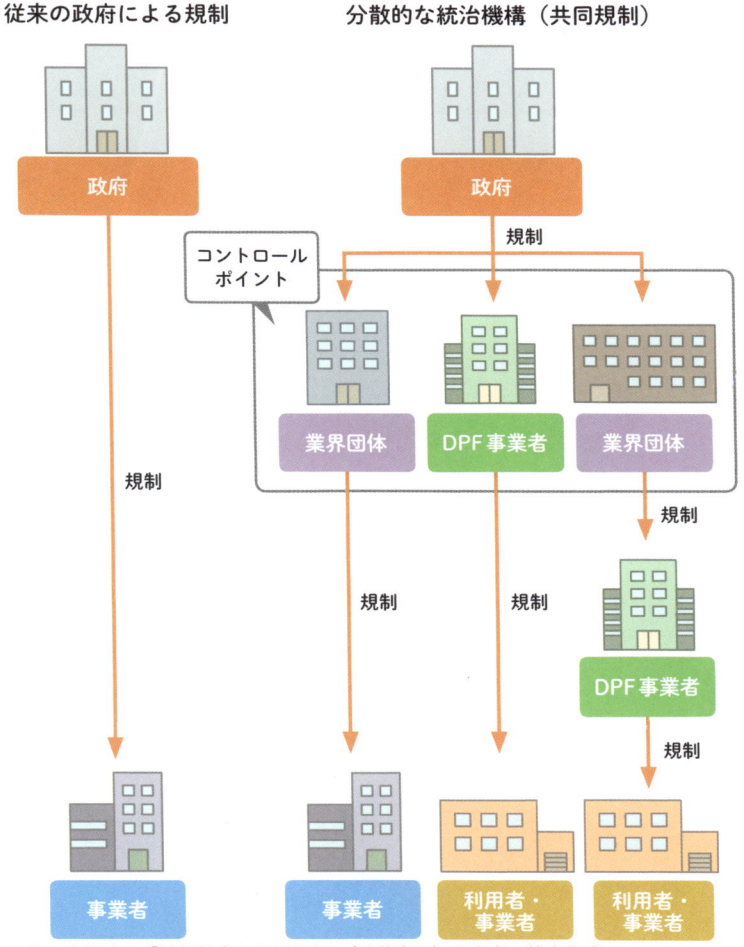

出典：生貝直人『情報社会と共同規制』（勁草書房）を参考に筆者作成

まとめ	□ 取引DPF事業者による自主ルールは、適切な広告環境を整える面で効果的な一面もあるが他方で、その基準が不透明であるといった問題も一部孕む

優良・有利誤認表示の罰則

❍ 優良誤認表示や有利誤認表示に直罰規定が導入

　令和5年改正では、優良誤認表示や有利誤認表示をした者とその者が代表者や従業員等であった法人や団体に対する**直罰規定**（100万円以下の罰金）が導入されました（P.116）。なお、指定告示の表示（P.30）には直罰規定は設けられていません。

　行政処分に際しては、優良誤認表示・有利誤認表示の各要件を認定すれば足りますが、刑事罰の適用に際しては、捜査機関は、優良誤認表示・有利誤認表示の各要件に対する**故意（罪を犯す意思）も認定する必要**があります。故意の認定は、表示内容の決定や確認を行う実質的権限が付与された者（優良誤認表示・有利誤認表示をした行為者）を基準に行うものと考えられます。

　また、行政処分に際しては、不実証広告規制による優良誤認表示のみなし規定（P.52）が存在しますが、刑事罰の適用に際しては、不実証広告規制による**みなし規定は適用されません**。

　なお、優良誤認表示・有利誤認表示の責任主体は、商品・サービスについて表示をした主体であり、かつ、その商品・サービスを供給する立場でなければならないため（P.40-43）、商品・サービスの供給主体ではないリサーチ会社（P.56）の担当者、インフルエンサー（P.74-79）、アフィリエイター（P.80）等は基本的に優良誤認表示・有利誤認表示の責任主体に該当しません。しかし、このような商品・サービスを供給する立場にない者であっても、**優良誤認表示・有利誤認表示の共犯**（刑法60条、65条1項）として刑事罰の対象となる可能性があります。

● 行政処分と刑事罰の比較

	行政処分	刑事罰
対象	優良誤認表示・有利誤認表示、指定告示の表示	優良誤認表示・有利誤認表示のみ
故意 [注]	不要	必要
みなし規定	不実証広告規制による優良誤認表示のみなし規定がある （課徴金納付命令との関係では、優良誤認表示の推定規定）	みなし規定（推定規定）の適用なし
責任追及の範囲	優良誤認表示・有利誤認表示をした事業者（商品・サービスについて表示をした主体であり、かつ、その商品・サービスを供給する立場にある事業者※） ※商品・サービスを共同供給（P.42）している事業者を含む	①優良誤認表示・有利誤認表示をした行為者 ②上記の者が代表者や従業員等であった事業者（表示行為がその事業者の業務や財産に関して行われた場合に限る） ③優良誤認表示・有利誤認表示について刑法上の共犯と認められる者

（注）故意とは罪を犯す意思のことであり、具体的には犯罪が成立するための要件（構成要件）に該当する事実の認識・認容があることを意味する

まとめ	☐ 改正で優良誤認表示・有利誤認表示に直罰規定が導入された ☐ 刑事罰の適用に際しては、故意の認定が必要、みなし規定の適用がないなど、行政処分に比べ認定のハードルが高くなっているが、商品・サービスを供給する立場にない者も共犯として処罰対象となる可能性がある

競業企業が不当表示をしているのを
見つけた場合

　事業活動をしていて、例えば競業企業の表示に違反を発見した場合、①当該表示をやめさせること、②当該表示による損害賠償請求をすることの2つが大きく考えられます。

　①については、競業企業に対する差止請求を行うほか（P.124）、規制当局（消費者庁長官や道府県知事）に対して、競業企業による表示が不当表示に該当する疑いがある旨を申告することが考えられます。規制当局がこの申告をきっかけに景品表示法被疑調査を競業企業に行い、違反を認めた場合、措置命令や課徴金納付命令がなされる場合があります（P.120）。また、これらの行政処分がなされなくても規制当局から指導（P.120）が行われれば、競業企業は不当表示をやめるものと考えられます。指導に従わない場合、措置命令が行われる可能性があり、それを回避するためです。もっとも、消費者庁には、年間1万件を超える外部からの景品表示法違反被疑の情報提供がなされているため、競業企業として通報し、消費者庁等に事案を取り上げてもらうためには、丹念な事実確認、的確な法令適用を示すことが求められます。実際、令和5年度は1万8,114件の情報提供に対して調査が適当と認められた事案は71件にとどまります。

　②については、競業企業の表示によって自社の法的な利益を侵害されたと評価できる場合には不法行為に基づいて、競業企業の表示が不正競争防止法における誤認惹起行為または信用毀損に該当する場合には、競業企業に対し、損害賠償請求することも考えられます。不正競争防止法による請求の場合は、損害の額の推定規定の適用の余地があるなど、立証の点でメリットがあります。

Part

5

景品表示法違反を
防止するガバナンス

事業者が講ずべき
景品類の提供及び表示の管理上の措置

● 事業者に求められる体制構築

　景品表示法は、景品類の提供や自己の供給する商品・サービスについての一般消費者向けの表示（以下「表示等」）をする事業者に対し、**不当な景品類と不当な表示による顧客誘引を防止するための体制構築・体制整備を求めています。**

　各事業者の規模や業態、取り扱う商品・サービスの内容等に応じて必要な措置の内容と程度は異なりますが、消費者庁は以下の7つの事項に沿う具体的な措置を構ずる必要があるとの考え方を示しています（「事業者が講ずべき景品類の提供及び表示の管理上の措置についての指針」）。

①景品表示法の考え方の周知・啓発

②法令遵守の方針等の明確化

③表示等に関する情報の確認

④表示等に関する情報の共有

⑤表示等を管理するための担当者等を定めること

⑥表示等の根拠となる情報を事後的に確認するために必要な措置を採ること

⑦不当な表示等が明らかになった場合における迅速かつ適切な対応

　上記7つの事項に即した具体的な措置の例は右表のとおりですが、**実効性ある体制を構築・整備するためには各事業者の業務内容や社内体制に応じて、必要と考える独自の措置を講じることも肝要**です。

　正当な理由なく必要な措置を講じない場合には、消費者庁から**勧告や公表を受ける**ことになります。

● 事業者に求められる具体的な措置の内容

項目	具体的な措置の例
①景品表示法の考え方の周知・啓発	朝礼や社内報等を利用した役員・従業員への景品表示法の考え方の周知、勉強会の開催等
②法令遵守の方針等の明確化	法令遵守の方針等を明確化した社内規程・行動規範等の策定等
③表示等に関する情報の確認	景品類を提供する場合には景品規制への遵守を確認。表示する場合には、表示内容と根拠となる情報の整合性を確認
④表示等に関する情報の共有	社内イントラネットや共有電子ファイルを活用した、表示等の根拠となる情報の関係者間共有
⑤表示等を管理するための担当者等を定める	表示等を管理する担当者・担当部門（表示等管理担当者）の選定
⑥表示等の根拠となる情報を事後的に確認するために必要な措置	表示等の根拠となる情報の記録と合理的と考える期間の保存運用の構築
⑦不当な表示等発生時の対応	危機発生時のフロー策定等
⑧その他	表示作成のチェックフローの作成、企画実施時における景品規制への適合性確認シートの作成等

まとめ	□ 景品表示法では不当な顧客誘引を防止するための体制構築が義務付けられている □ 正当な理由なく適切な体制を構築しない場合には、勧告・公表される

公正競争規約

▶ 公正競争規約とは

　公正競争規約は、**消費者庁長官と公正取引委員会の認定を受けて、**事業者又は事業者団体（以下「事業者等」）が**自主的に設定する業界ルール**です。業界大多数の良識をルールとして明文化し、エスカレートしがちな不当表示や不当景品類の提供を未然に防ぐための制度で、消費者庁等による法の執行を補完する役割も担っています（P.12）。公正競争規約として認定されるための4要件は以下のとおりです。
①不当な顧客誘引の防止や一般消費者による自主的かつ合理的な選択・事業者間の公正な競争の確保のために適切である
②一般消費者及び関連事業者の利益を不当に害するおそれがない
③不当に差別的でない
④規約への参加、規約からの脱退を不当に制限しない

▶ 公正競争規約の効果

　公正競争規約の趣旨に賛同し公正取引協議会の会員となった会員事業者等は、**規約を遵守している限り、景品表示法や独占禁止法上問題とされることはなく、安心して事業活動を行う**ことができます（規約違反行為者に対しては、各公正取引協議会による警告、違約金、除名処分等の措置が行われます）。また、規約を守ることで、**自身のみならず業界全体に対する消費者の信頼を高める**こともできます。一方、規約非会員には規約は直接適用されませんが、法執行においては規約内容が参考にされるため、非会員であっても取扱商品・サービスに関する規約の有無の確認・理解・対応が求められます。

● 公正競争規約

認定数

公正競争規約は、2024年10月1日現在、103規約が設定されている（表示関係は66規約、景品関係は37規約）

内容

規約で定めることができる内容
- 表示又は景品類に関する事項
- 規約を運用するために必要な組織や手続に関する規定

規約の内容例
- 景品類に関しては、景品規制に準拠する旨規定するのが一般的
- 表示に関しては、下表のとおり表示義務を加重したり、特定用語の使用を禁止することもある

＜表示規約の例＞

必要な表示事項に関する規定	原材料名、内容量、賞味期限、製造業者名等の表示の義務付けなど
特定事項を表示する際の基準に関する規定	不動産広告の徒歩による所要時間は、80メートルにつき1分の換算で表示することなど
特定用語の表示を禁止するもの	加工乳及び乳飲料には、「牛乳」の用語を使用しないことなど
不当表示を禁止するもの	景品表示法に定められた不当表示をより詳細に定めるものなど

まとめ	☐ 公正競争規約は、景品表示法の法目的を達成する上での、消費者庁等による法の執行を補完する役割を持つ ☐ 規約違反行為者は、各公正取引協議会により警告、違約金、除名処分等の措置を受ける

不当表示が起きる要因

● 不当表示はなぜ起こるのか

不当表示がなくならない原因は、故意がなくとも不当表示が成立してしまう他、**表示管理自体の難しさ**にもあります。

　表示が作成され世に出るまでの過程には、企画・調達・法務等を含めた関係者（委託先も含む）が関与するのが一般的で、不当表示が発生する落とし穴は、関係者間の情報共有不足をはじめ、さまざまなものが存在します。不当表示を起こさないためには、**表示どおりの商品・サービスが提供できない可能性が生じた場合に、その情報が必要な部署に適時に連携される体制を作り上げる必要**があります。

● 不当表示に陥るきっかけは至るところに……

①調達部門との連携不足による不当表示（おとり広告）

　S社は、腕時計を11,111円で購入できるキャンペーンを実施した。しかし、キャンペーン初日、多数の取扱店舗において、対象の腕時計を準備できず、取引に応じることができなかった事案。

②委託先等の管理不足による不当表示（優良誤認表示）

　Q社は、カシミヤ80%を中綿として用いた商品として布団を仕入れ、一般消費者に販売したが、実際にはカシミヤは使用されていない布団が納品され、Q社を通じて販売された事案。

③委託先からの誤情報による不当表示（優良誤認表示）

　I社は、調査会社からNo.1表示ができると売り込みを受けて満足度No.1表示をしたが、提供された根拠はI社が訴求したいNo.1表示の合理的根拠とはなり得ないイメージ調査だった事案。

● 表示が世に出ていくまでの過程

| 商品 | 商品企画・設計 | → | 商品開発 | → | 評価・修正 | → | 量産化・市場へ供給 |
| 表示 | 表示企画 | → | 表示案作成 | → | 表示案のチェック | → | 表示確定 |

一般消費者

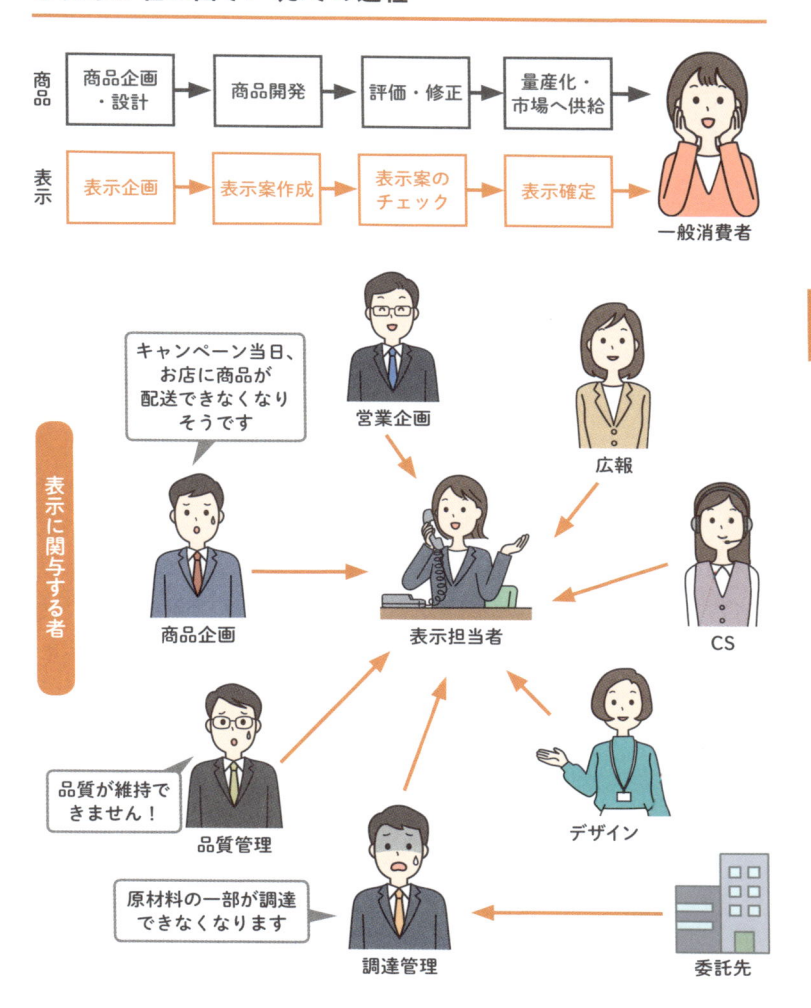

表示に関与する者

キャンペーン当日、お店に商品が配送できなくなりそうです

営業企画

広報

商品企画

表示担当者

CS

品質が維持できません！

品質管理

デザイン

原材料の一部が調達できなくなります

調達管理

委託先

| まとめ | ☐ 不当表示がなくならない原因は、表示管理の難しさにもある
☐ 不当表示を防止するには、表示に関わる関係者の意識改革が必要 |

不当景品類が起きる要因

● 景品規制についての理解不足・確認不足が最大の要因

　不当景品類の提供は、景品規制についての理解不足に起因しています。**規制内容の正しい理解と最終確認の徹底が肝要**です。

　特に、**①取引に付随した景品類の提供なのか、②景品類の提供方法は何か、③提供する景品類の価額はいくらか、という点についての判断を誤ることが多い**です。例えば、①についてインターネット上で誰でも参加できる企画だとしても、商品・サービスの購入者の当選率がアップするような設定の場合、取引に付随した景品類の提供となります。②先着順による応募企画であっても、申込時に申込者からみて景品類の提供を受けられるかがわかるか否かによって提供方法が異なります（インターネット等による申込みの場合、懸賞による提供となる P.96,100）。③提供する景品類が市販品かどうかによって景品類の価額の考え方は異なります。ノベルティグッズや有名選手のサインボールなどの非売品を景品類とする場合、同種商品の価格なども参考にしつつ、景品類の提供を受ける人がそれを通常購入する場合の価額を算定します（P.104）。

● 景品規制に違反する企画は情報提供につながりやすい

　キャンペーン企画は告知する形で実施されるため、**景品規制への不適合が対外的に明らかとなります**。消費者庁等による調査を招く情報提供につながりやすいため、規制内容を理解した上で企画を立案し実施することが重要です。規制に違反する企画を実施した場合、行政指導や措置命令のリスクを伴います。

● 景品規制の考え方と適合性確認図

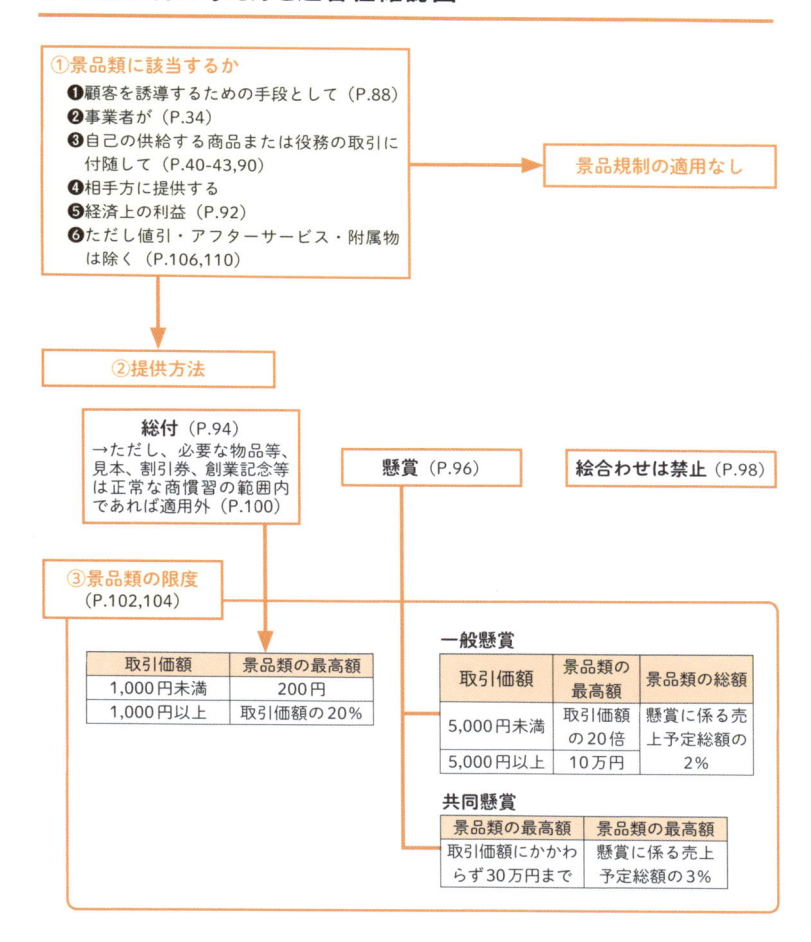

①景品類に該当するか
- ❶顧客を誘導するための手段として（P.88）
- ❷事業者が（P.34）
- ❸自己の供給する商品または役務の取引に付随して（P.40-43,90）
- ❹相手方に提供する
- ❺経済上の利益（P.92）
- ❻ただし値引・アフターサービス・附属物は除く（P.106,110）

→ 景品規制の適用なし

②提供方法

総付（P.94）
→ただし、必要な物品等、見本、割引券、創業記念等は正常な商慣習の範囲内であれば適用外（P.100）

懸賞（P.96）

絵合わせは禁止（P.98）

③景品類の限度（P.102,104）

取引価額	景品類の最高額
1,000円未満	200円
1,000円以上	取引価額の20%

一般懸賞

取引価額	景品類の最高額	景品類の総額
5,000円未満	取引価額の20倍	懸賞に係る売上予定総額の2%
5,000円以上	10万円	

共同懸賞

景品類の最高額	景品類の最高額
取引価額にかかわらず30万円まで	懸賞に係る売上予定総額の3%

まとめ	☐ キャンペーン企画は、景品規制を正しく理解し、適合性を確認した上で実施する必要がある ☐ 競合他社による消費者庁等への情報提供がされやすい類型である

不当表示等を防ぐために

● 不当表示等は、事業者に故意・過失がなくても成立してしまう

不当表示・不当景品類の提供の認定に事業者の故意・過失は必要ありません。販売業者がメーカーの誤った説明を信じて広告を作成した場合や景品類を提供する場合に遵守すべきルールを知らなかった場合でも違法と判断されてしまう可能性があります。事業者には、**誤りを起こさない体制構築が求められています**。

● 不当表示等を防止する体制

誤りを起こさない体制を構築するためには、①意識改革、②仕組み作り／ルールの制定、③運用面での徹底・定期的な見直しが不可欠です。特に重要となるのは事業者の経営方針や重要事項の決定を担う経営層の意識改革です。まずは経営層が、景品表示法の執行リスクの高まり・執行に伴う事業活動への影響（売上げ・株価・取引先等への影響など）の大きさについての意識を改め、定期的な研修等を通じて事業者全体として法的規制の内容についての理解を深め、法令遵守意識を高めることが重要です（P.14-17）。

また、業務形態や取扱商品・サービスに応じて発生しやすい違反類型を洗い出し、違反を起こさない仕組みづくり（広告作成や企画実施に伴う法令適合性確認リストの作成、外部弁護士など第三者の活用も含めたチェックフローの強化など）も肝要です。

最後に、策定した仕組みやルールが画餅に帰すことのないよう、厳格に運用していく必要があります。ただし、一般消費者の意識の変化などさまざまな事情を加味して定期的な見直しも求められます。

● 委託先の説明を信じて表示した場合でも不当表示は成立する

不当表示に当たる

> この布団の中綿素材の80%はカシミヤです。サンプル検査もしています

> え？中綿の素材が実は100%ウールだったって？

> 委託先から中綿素材の80%はカシミヤでサンプル検査もしたと聞いていたのに

申告を受けて表示したがその後問題発覚 →

委託先　　　　　　　　　　　　事業者

● 不当表示等を防止するための具体的な体制例

意識改革	✓ **経営層が法的・信用毀損リスク等を認識・理解する** ✓ 定期的な研修・勉強会を通じた法的規制の理解（現場をよく知る事業部等による理解も重要）
仕組み作り／ルールの制定	✓ 業務形態等に応じて発生しやすい違反類型の抽出 ✓ 広告作成に用いるチェックリストの作成・利用 ✓ 表示チェックや景品企画の運用フローの強化（ダブルチェック体制の導入、広告代理店や外部弁護士など第三者の目を活用した確認体制の導入） ✓ 広告作成において第三者（インフルエンサーやアフィリエイターなど）を活用する場合の体制整備（契約書・規約への法令遵守規定の導入、出稿前後の内容確認等）
運用面での徹底・定期的な見直し	✓ 新しい仕組みやルールの確認（必要に応じて見直しも行うことも含む）

まとめ	☐ 不当表示等は、事業者に故意・過失なくとも成立する ☐ 誤りを起こさない体制を構築する必要がある

違反があったときの対応

● まずは早期に「違反のおそれ」に気付ける体制の構築を

　景品表示法の調査は、主として消費者による消費者庁等への情報提供により開始されますが、情報提供以前に、問い合わせ等の形で事業者に対して違反情報が伝えられていることが多いです。したがって、**事業者は、**消費者からの問合せや社内からの内部通報等も含めてもたらされた**数多の情報の中から、違反につながり得る情報を確実に拾い上げ、その情報を責任部署に適時に共有し、対応を検討できる体制を作り上げる**ことが必要です。事業規模や事業形態によって情報の選別や分析のための人材確保等が難しい場合には、外部機関に委託したり、AIを活用することも有用な選択肢となります。

● 違反に気づいたときの対応

　景品表示法に違反または違反するおそれがあることが判明した場合には、**①表示をどうすべきか（取りやめか修正）、②対象商品の将来的な販売をどうするか（廃棄か表示を差し替えるなどして販売継続）、③誤認を解消するための一般消費者への周知は必要か、④商品・サービス購入客への返金をすべきか、⑤規制当局に報告するかなどを、専門家の助言も得つつ、違反の内容や程度に応じて速やかに検討**することが必要になります。

　また、違反が起こってしまった原因を分析するとともに再発防止のための取り組み（規制内容への理解を深めるための勉強会等の開催、チェックフローの見直し、専門家の活用によるチェック体制の強化等）も併せて検討すること（P.142）が肝要です。

● 事業者に寄せられる数多の情報から重要情報を選別

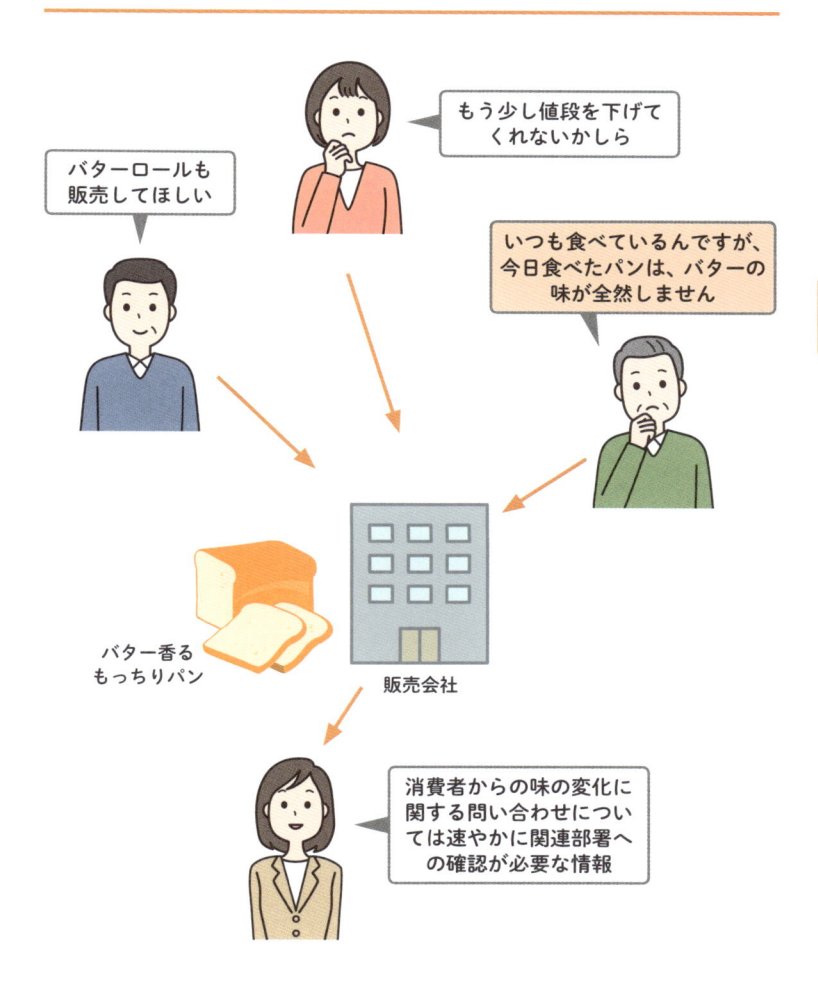

まとめ	□ 早期に「違反のおそれ」に気付けることが重要である □ 違反後の対応は違反の内容や程度に応じて検討する

景品表示法を深く学ぶ

~さらにその先へ~

● 景品表示法の学び方

　景品表示法を学ぶためには、**消費者庁のウェブサイト**を確認することが最も重要です。ウェブサイトには、**措置命令・課徴金納付命令**が定期的に公表されます。その他、**景品表示法Ｑ＆Ａ**、消費者庁で開催している**審議会の資料・議事録**や消費者庁担当大臣や消費者庁長官の**定例会見の議事録**などが公表されていますので、これらを確認します。

　消費者庁のウェブサイト以外にも、**都道府県知事が措置命令をした事案**や、**適格消費者団体による差止請求や申入れ**がそれぞれのウェブサイトに公表されます。また、消費者庁等が行った行政処分を争う企業もいますが、紛争処理機関の判断を確認することも大切です。その企業が訴訟で争ったのであれば裁判所の**判決**を確認します。行政不服審査法に基づく審査請求が行われた事案は、**行政不服審査会が出す答申**の内容を確認し、その内容が原処分が取り消されるべきとする内容である場合には、**消費者庁長官の裁決**も確認します。

　ほかにも学ぶ機会はあります。例えば、**競業企業の広告**は興味深く確認できるのではないでしょうか。また、日本は至るところに広告やキャンペーンが溢れています。**自らの生活圏**におけるもの（例えば居酒屋のメニュー表示やNo.1表示等）を根拠があるのかと**批判的に見る**のも良い学びの機会です。楽しく負担も少ないので継続しやすい方法です。中には良い広告や企画に出会うこともあり、広告審査などにおける引き出しが増え、良いサイクルが生まれます。

◉ 景品表示法を学ぶ方法の基礎

確認方法	得られるもの
消費者庁ウェブサイト	・措置命令・課徴金納付命令 ・景品表示法Ｑ＆Ａなどの景品表示法コンテンツ ・審議会における景品表示法の資料 ・大臣や消費者庁としての考え
各都道府県ウェブサイト	・都道府県知事が行った措置命令
適格消費者団体ウェブサイト	・適格消費者団体が行った差止請求や申入れの内容。それに対する企業の回答
判決・答申（裁決）	・紛争となった場合における第三者の判断

◉ 根拠があるのか意識する姿勢も大切

まとめ	□ 消費者庁ウェブサイトをはじめ公表資料を継続的に確認することで相当の力がつく □ 生活圏における広告等を批判的に見る意識を持つこと

景品表示法チェックリスト

広告を作成したり、キャンペーンの企画を行う際にチェックリストを用いて適法性を確認することは非常に重要です。本書で言及した内容を踏まえて表示のチェックリストをサンプルとして作成しました。こちらのチェックリストは、一般的な内容を簡潔に記載するに留まっているため、事業において用いられる場合は専門家に相談ください。

● 商品・サービスの内容に関する表示

	チェック項目	NG事例	参照頁	Check
合理的な根拠に基づく表示	商品・サービスの内容（品質、規格、原産地、製造方法、受賞歴の有無等、公的機関の保証・推奨等）の表示について、その表示が事実であることを示す合理的な根拠があるか。 合理的な根拠は以下のものを指す。 〈効果、性能に関する表示の場合〉 ①一般的な試験・調査により得られた結果の場合 ・関連する学会または業界で一般的に認められた方法または関連分野の専門家の多くが認める方法で実施されているもの ・モニター調査の場合、無作為抽出で相当数のサンプルを用いる等 ②専門家等の見解または学術文献 ・専門家等に認められた見解または学術文献で一般的に認められているもの 〈その他の事項に関する表示の場合〉 契約書等の取引上の書類や商品そのもの等の情報に基づくこと	・全国で販売する商品につき、一部地域の少数のモニターを選出して行った統計調査のみ実施し、「全国で絶賛」と表示 ・承認の事実はないのに「消費者庁承認」と表示	P.52-55	☐

	チェック項目	NG事例	参照頁	Check
合理的な根拠に基づく表示	表示された効果、性能と根拠資料によって実証される内容の範囲にとどまっているか。	・ラボでの実験結果しか得ていないにもかかわらず、通常の居住空間の写真と「〇%除菌」等の表示を併せて記載することで、居住空間でも「〇%除菌」の効果が得られるかのように表示 ・実際のサービス利用者でない消費者を対象としたイメージ調査しか実施していないのに、あたかも実際の利用者を対象とした満足度調査に基づく結果であるかのように表示	P.52-55	☐
絶対的表現（確実な効果や安全性を有するかのような表示）	商品・サービスの効果や安全性を根拠なく確実に保証するような断定的な表示をしていないか。	・身体用スプレーについて「ノンケミカルで絶対安全」と表示	P.54	☐
最上級・No.1表現（他の類似商品と比較して自社の最優位性を示す表示）	合理的な根拠なく、自社の商品・サービスが最上級・一番等（最上位、No.1、日本初等）の表示をしていないか。 また、表示の対象となる商品・サービスの内容、地理的範囲、調査期間・時点、調査方法、調査の出典等について記載しているか。	・自社製品内での数値比較のみに基づき（あたかも他社製品と比較したかのように）最上級を意味する文言を表示	P.56	☐
比較広告（他の商品と比較して優位性を有することの表示）	他の商品・サービスと比較し自社の特定の商品・サービスが優位であると表示をする際、以下のすべての条件を満たしているか。 ①主張する内容が客観的に実証されていること ②実証されている数値や事実を正確かつ適正に引用していること ③比較の方法が公正であること	・競合の特定のサービスとの比較のみを根拠として、他社サービス一般と比較してお得であるかのように誤認させる「他社サービスより2割もお得」と表示 ・自社製品が優位となるような特定の項目のみに限定した比較をして図表を掲載	P.58	☐
	比較広告が、他社を殊更に誹謗・中傷するものとなっていないか。	・「〇（競合の類似商品）の洗浄力がまったくありません」と根拠なく競合の商品を中傷する表示	P.58	☐

●商品・サービスの価格その他の取引条件について

	チェック項目	NG事例	参照頁	Check
価格の取引条件の明示	販売価格について、実際と異なったり、曖昧な表示を行っていないか。	・税抜の価格のみを表示	P.28, P.64	☐
	販売価格が適用される商品・サービスの範囲について、実際と異なったり、曖昧な表示になっていないか。	・関連商品・サービスを購入する際は別途料金を請求するにもかかわらず、その旨記載せず、本体の商品・サービス価格のみを掲載	P.28, P.64	☐
	販売価格が適用される消費者の条件について、実際と異なったり、曖昧な表示になっていないか。	・クレジットカード支払いの場合にのみ適用される価格であるのに、その旨の限定がされていない表示	P.28, P.64	☐
二重価格表示（販売価格に当該販売価格よりも高い価格〈比較対照価格〉を併記して行う表示）	二重価格表示を行う場合に、存在しない価格等、架空の比較対照価格を表示していないか。	・過去に一度も販売実績がない価格と販売価格を並べて、「通常販売価格 ~~3,800円~~」→「販売価格2,980円」と表示	P.66	☐
	過去の販売価格を比較対象価格として併記する場合、当該比較対象価格は、下記要件をいずれも満たすか。 ①同一商品に関する価格であること ②最近相当期間にわたって販売された実績のある価格との比較であること 【最近相当期間にわたって販売された実績のある価格とは】 ❶直近8週間のうち、商品を販売していた期間の過半の期間、当該価格で販売していること ❷当該価格で通算2週間以上販売継続していること ❸当該価格での最終販売日から2週間以上経過していないこと	・通算10日間のみ販売した価格を比較対照価格として併記 ・1か月前に用いた販売価格を比較対照価格として併記	P.66	☐
	希望小売価格を比較対照価格とした二重価格表示をする場合、当該比較対照価格は、下記要件をいずれも満たすか。 ①製造業者、卸売業者、輸入総代理店等、小売業者以外の者が設定した価格であること ②当該価格が、カタログ・商品本体への印字等により公表されていること	・製造業者等が小売業者に対してのみ呈示している価格（参考小売価格等）を「希望小売価格」として表示	P.66	☐

	チェック項目	NG事例	参照頁	Check
二重価格表示（販売価格に当該販売価格よりも高い価格〈比較対照価格〉を併記して行う表示）	将来の販売価格を比較対照価格とした二重価格表示をする場合、当該比較対照価格である将来価格は、合理的かつ確実な販売計画に基づいているか。	・「来月1日から30,000円の品をセール価格で20,000円」と表示していたが、予想より売り上げが伸びないために売上目標を達成するまでセール期間を延長	P.66	☐
価格以外の取引条件の明示	商品・サービスの数量、支払い条件（支払手段・支払期限・手数料・解約条件等）、アフターサービス、保証に関する事項の有無等について、実際の条件がわかる記載がされているか。	・未開封であることが解約条件となっているのに、「商品到着後○日以内であれば返品可能」と表示	P.28	☐
	期間限定と表示して実施していたキャンペーンであるにもかかわらず同様のキャンペーンを繰り返すことにならないか（キャンペーン期間の延長も含む）。	・「11月1日から30日まで」と表示していたにもかかわらず、12月1日以降も「12月1日から31日まで」と同様のキャンペーンを繰り返した	P.28,P.68-71,P.82	☐

●その他の確認すべき商品・サービスに係る表示

	チェック項目	NG事例	参照頁	Check
強調表示と打消し表示（強調表示からは通常予期できない事項で、商品・サービスの選択において重要な考慮要素に関する表示）	強調表示の内容に例外、制約があるか。→例外、制約がある場合は、次の項目へ	・実際には、割引の対象は20,000円以上のスーツのみであるにも関わらず、20,000円以上という条件を表示することなく「お買い得！スーツ20%割引セール」とのみ強調して表示	P.48	☐
	打消し表示をする場合、以下の観点から、消費者は打消し表示の内容を認識できるか。①内容　強調表示の内容と矛盾していないか、専門用語は使われていないか　等	〈①の例〉・「全国どこでも利用可能」と強調して表示しているが、注釈で「ただし、当社の支社がある都道府県に限ります」と強調表示と矛盾する内容を表示	P.48	☐
	②方法	〈②の例〉・インターネット広告で強調表示として「就活スーツ、今なら4割引き」と冒頭に表示し、「※20,000円以上の商品に限ります」という注釈を最下部に表示		☐

	チェック項目	NG事例	参照頁	Check
強調表示と打消し表示（強調表示からは通常予期できない事項で、商品・サービスの選択において重要な考慮要素に関する表示）	【すべての媒体に共通して留意すべき事項】 ・文字の大きさ、強調表示とのバランス ・記載箇所（強調表示と離れている場合対応関係は明瞭か） ・背景との区別（見づらくないか）　等 【動画広告において特に留意すべき事項】 ・打消し表示が含まれる画面の表示時間は適切か ・音声・アニメーション等による表示の活用方法は適切か（音声・アニメーション等以外の表示が読み落とされやすくなる） ・強調表示と打消し表示が別の画面に表示されていないか 【インターネット広告（PC）において特に留意すべき事項】 ・強調表示と打消し表示が1スクロール以上離れていないか（1スクロール以上離れている場合には、強調表示の近くにある記号等から一般消費者が打消し表示の存在を連想できるか） 【インターネット広告（スマートフォン）において特に留意すべき事項】 ・アコーディオンパネルに打消し表示を表示する場合、ラベルの内容は打消し表示の存在を連想できるか ・コンバージョンボタンの配置箇所は適切か ・強調表示と打消し表示の距離、打消し表示の文字の大きさ、背景色等は、スマートフォンにおける見え方を考慮しているか ・打消し表示と併せて、注意を惹きつける他の画像等を使用していないか	・強調表示と比較して、打消し表示を著しく小さい文字の大きさで表示 ・明るいオレンジ色、黄色の背景に、白の文字で打消し表示を行うなど、打消し表示と背景の色とが対照的でない表示 ・動画広告において、強調表示は音声やアニメーションにより強調する一方、打消し表示は文字のみで小さく目立たないように表示 ・インターネット上のキャンペーン広告において、アコーディオンパネル内にキャンペーンの対象者を「20代男性」に制限する旨の記載をしているにもかかわらず、アコーディオンパネルのラベルには、単に「詳細はこちら」とのみ表示		

	チェック項目	NG事例	参照頁	Check
口コミ・レビューの表示	広告掲載する口コミ・レビュー（実際の活用事例や写真も含む）は、消費者が任意に作成したものであり、文意を変更する形で編集していないか。	・批判的な箇所もあるユーザーレビューについて、当該箇所を削除したレビューを掲載し「ユーザーも絶賛」と表示	P.26, P.74 -77	☐
	広告掲載する口コミ・レビューに記載された商品・サービスの効果、性能等は、根拠資料によって実証される内容の範囲にとどまっているか。	・サプリAのみの摂取で1週間5キロ痩せられることを示す根拠資料がないにもかかわらず、「食前にAを飲むだけで1週間で5キロ痩せました！」というレビューを自社HPに表示	P.52 -55	☐
ステマ広告	掲載する投稿（口コミ等を含む）は、事業者が表示内容を決定したものか。 →事業者が表示内容を決定した場合、次の項目へ 【事業者が表示内容を決定するとは】 a. 自ら、あるいは他の者と共同して積極的に当該表示の内容を決定した場合※1 b. 他の者の表示内容に関する説明に基づきその内容を定めた場合 c. 他の者にその決定を委ねた場合※2 ※1：商品・サービスの販売を促進することが必要とされる地位や立場にある者等、事業者と一体と認められる従業員や事業者の子会社等の従業員が行った事業者の商品・サービスに関する表示も、事業者が「自ら」行う表示に含まれる ※2：特定内容の投稿をSNSで行うこと等、明示的に投稿を委託した場合に限られない。明示的に投稿を委託・指示していない場合でも、長年の取引関係にあることや、今後の取引増大を示唆する等、事業者と第三者との間に第三者の自主的な意思による表示内容とは認められない関係性がある場合も含まれる	〈aの例〉 ・メーカーのマーケティング担当者が、自社商品についてSNS投稿をする場合には、当該SNS投稿はメーカーの表示となる 〈bの例〉 ・小売業者が、メーカーの説明を信じて、独自に商品に関するPOPを作成する場合には、当該POPは小売業者の表示となる 〈cの例〉 ・メーカーが、自社の商品を好意的に投稿してきたインフルエンサーに対し、新商品のサンプルを提供し「今回もお願いします」等と依頼をする場合には、インフルエンサーの投稿はメーカーの表示となる	P.74 -77	☐

	チェック項目	NG事例	参照頁	Check
ステマ広告	「PR」「広告」、投稿冒頭に「A社アンバサダー」「A社からサンプル頂きました」等、表示内容全体から、掲載する投稿箇所が事業者の表示であることが明瞭となっているか。	・投稿依頼を行ったにもかかわらず、PR表示等、当該投稿が自社の表示であると消費者が認識できる記載をしていない表示	P.74, P.78	☐
原産国・原料原産地に関する表示	商品の原産国は、その商品の内容について実質的変更行為（ラベル付けや包装等ではなく、縫製や組立て等の商品の価値に重大な影響を与える変化を加える行為）が行われた国を記載しているか。 ※商品の原産地が国名よりも地名で知られている場合には、その原産地について原産国告示の適用がある	・輸入品のラベルを日本で貼っているだけにもかかわらず「日本製」と表示	P.30, P.62	☐
	日本国内が原産国・原料原産地となる商品について、外国で生産されたものであるかのような誤解を与えないか。	・日本製と記載することなく外国の国名・旗等を表示	P.30, P.62	☐
	外国が原産国となる商品について、日本国内で生産されたものであるかのような誤解を与えないか。	・海外で生産しているが「〇（和名）工場製」と表示	P.30, P.62	☐
おとり広告	以下のいずれかの類型のおとり広告（商品・サービスを購入できないにもかかわらず購入できるかのような表示）に該当しないか。 a. 数量不足や品揃え不足により取引を行うための準備がなされておらず取引に応じられない場合のその商品・サービスの表示 b. 供給量が著しく限定されている（広告商品・サービスの販売数量が予想購買数量の半数にも満たない場合）にもかかわらず、限定内容を明瞭に明示していない場合のその商品・サービスの表示 c. 一人あたりの供給量等、取引条件に制限があるのにその制限が明瞭に認識されていない場合のその商品・サービスの表示 d. 合理的理由がないのに取引の成立を妨げたり、取引をする意思がない場合のその商品・サービスの表示	〈aの例〉 ・複数店舗で販売する表示をしていたが、表示された店舗で商品を取り扱わなかった場合 〈bの例〉 ・供給量が著しく限定されている場合であるにもかかわらず、販売数量を記載することなく、単に「売切れご容赦」と表示をする場合 〈cの例〉 ・販売の対象者を30代の女性に限定しているにもかかわらず、限定内容を明記せず、単に「限定販売」と表示する場合 〈dの例〉 ・販売予定のない商品・サービスに関する表示をする場合	P.72	☐

Index

著者紹介

染谷　隆明（そめや・たかあき）
池田・染谷法律事務所 代表弁護士（63期）
専修大学法科大学院法務研究科修了。2014〜16年 消費者庁表示対策課等に勤務。
2018年池田・染谷法律事務所設立。2023年〜国民生活センター商品・テスト分析
評価委員会専門委員。
主要著作：『基本講義消費者法第5版』（共著、日本評論社、2022年）、『詳説景品表
示法の課徴金制度』（共著、商事法務、2016年）、『逐条解説　平成26年11月改正景
品表示法　課徴金制度の解説』（共著、商事法務、2015年）。

川﨑　由理（かわさき・ゆり）
弁護士法人池田・染谷法律事務所 法人パートナー（62期）
中央大学法科大学院修了。2009〜11年 東京地方検察庁検事、2011〜13年 福井地
方検察庁検事、2015〜16年 消費者庁表示対策課に勤務。
主要著作：『デジタル広告法務 実務でおさえるべきFAQ』（池田・染谷法律事務所
編著、商事法務、2024年）。

土生川　千陽（はぶかわ・ちはる）
池田・染谷法律事務所 弁護士（61期）
京都大学大学院法学研究科修了。2014〜15年 消費者庁表示対策課、2018〜19年
経済産業省知的財産政策室、2019〜21年 公正取引委員会事務総局審査局に勤務。
主要著作：前掲『デジタル広告法務 実務でおさえるべきFAQ』。

今村　敏（いまむら・さとし）
池田・染谷法律事務所 弁護士（68期）
大阪大学大学院高等司法研究科修了。2016〜17年 大阪大学知的財産センター 特任
研究員（2017年特任助教）、2017〜20年 総務省 総合通信基盤局に勤務。
主要著作：『デジタルプラットフォームの法律問題と実務』（共編著、青林書院、
2021年）、『オンラインビジネスにおける個人情報＆データ活用の法律実務』（共編
著、ぎょうせい、2020年）。

宮内　優彰 (みやうち・ひろあき)

池田・染谷法律事務所 弁護士（70期）

神戸大学大学院法学研究科修了。2018〜21年 日本経済団体連合会、2022〜24年消費者庁取引対策課に勤務。

主要著作:前掲『デジタル広告法務 実務でおさえるべきFAQ』。

越田　雄樹 (こした・ゆうき)

池田・染谷法律事務所 弁護士（72期）

東京大学大学院法学政治学研究科修了。

主要著作：前掲『デジタル広告法務 実務でおさえるべきFAQ』。

福島　紘子 (ふくしま・ひろこ)

池田・染谷法律事務所 弁護士（73期）

東京大学大学院法学政治学研究科修了。2005〜07年 外務省 経済協力局在モロッコ日本国大使館、2009〜12年 外務省 総合外交政策局に勤務。

主要著作：前掲『デジタル広告法務 実務でおさえるべきFAQ』。

平見　ひかる (ひらみ・ひかる)

池田・染谷法律事務所 弁護士（75期）

中央大学法科大学院修了。2024年〜 慶應義塾大学大学院法務研究科助教（非常勤）。

池田・染谷法律事務所

2018年の事務所設立以降、公正取引委員会・消費者庁などの規制官庁や、社内弁護士、裁判官・検察官としての多彩な経験を持つ多くの弁護士が、独禁法・消費者法・情報法を軸とし、クライアントに価値あるリーガルサービスを提供するブティック型法律事務所。

先進的なビジネスにおける法律相談のサービス提供に加え、法改正対応（独禁法／景表法他）など、企業ニーズの高い法的サービスをパッケージ化した各種サービスを用意している。また、随時セミナーを開催し、さまざまな形で独禁法・消費者法・情報法の最新トピックスを発信している。

https://www.ikedasomeya.com/

TEL: 050-1745-4000 E-MAIL info@ikedasomeya.com

東京事務所　〒100-0006 東京都千代田区有楽町2-7-1有楽町イトシア16階

大阪事務所　〒530-0001 大阪府大阪市北区梅田1-8-17 大阪第一生命ビルディング15階

■ 問い合わせについて

本書の内容に関するご質問は、下記の宛先までFAX または書面にてお送りください。
なお電話によるご質問、および本書に記載されている内容以外の事柄に関するご質問には
お答えできかねます。あらかじめご了承ください。

〒162-0846
東京都新宿区市谷左内町21-13
株式会社技術評論社　書籍編集部
「60分でわかる！　改正景品表示法　超入門」質問係
FAX:03-3513-6181

※ご質問の際に記載いただいた個人情報は、ご質問の返答以外の目的には使用いたしません。
　また、ご質問の返答後は速やかに破棄させていただきます。

60分でわかる！
改正景品表示法　超入門

2024 年 12 月 25 日　初版　第 1 刷発行

監修………………………池田・染谷法律事務所
編著………………………染谷隆明

発行者……………………片岡　巌
発行所……………………株式会社 技術評論社
　　　　　　　　　　　　東京都新宿区市谷左内町 21-13
電話………………………03-3513-6150　販売促進部
　　　　　　　　　　　　03-3513-6185　書籍編集部
編集………………………株式会社 エディポック
担当………………………秋山絵美（技術評論社）
装丁………………………菊池　祐（株式会社 ライラック）
本文デザイン……………山本真琴（design.m）
レイアウト・作図………株式会社 エディポック
製本／印刷………………株式会社シナノ

ISBN978-4-297-14459-3 C0032
Printed in Japan